Jakobus Geiger

Wege ins Schweigen

Jakobus Geiger
Wege ins Schweigen
Impulse zur Kontemplation
VIER TÜRME

Bibliografische Information der Deutschen Nationalbibliothek
Die Deutsche Nationalbibliothek verzeichnet diese Publikation in der Deutschen Nationalbibliografie. Detaillierte bibliografische Daten sind im Internet über http://dnb.d-nb.de abrufbar.

Ohne Folie
Für unsere Umwelt

FSC
www.fsc.org
MIX
Papier | Fördert gute Waldnutzung
FSC® C014889

in Deutschland produziert

2. Auflage 2025

Lektorat: Marlene Fritsch
Gestaltung: Matthias E. Gahr
Umschlagmotiv: Simon / pixabay.com
Druck und Bindung: Pustet, Regensburg
ISBN 978-3-7365-0494-3

www.vier-tuerme-verlag.de

Inhalt

Vorwort

Seit etlichen Jahren wird von vielen Seminarteilnehmer*innen immer wieder die Bitte an mich herangetragen, die Impulsvorträge während der Kontemplationskurse in Form eines Buches öffentlich zugänglich zu machen.

Nun konnte ich die Zeit finden, einen Teil der Texte durchzusehen und für die Veröffentlichung im Verlag vorzubereiten. Da die Vorträge über die Jahre in den Kursen immer wieder variierten und verschiedene Aspekte des kontemplativen Weges in den Blick nehmen, sind manche Wiederholungen ungeglättet im Buch vorhanden. Die einzelnen Ansprachen folgen relativ unverbunden unter den entsprechenden Überschriften aufeinander.

Ein herzlicher Dank gilt der Lektorin Frau Marlene Fritsch für die Mühe der Überarbeitung und Zusammenstellung der einzelnen Themen.

Br. Jakobus Geiger OSB
Münsterschwarzach,
Januar 2023

Einführung: Spiritualität - Religion - Mystik

Kontemplation ist ein vielschichtiger Begriff. Im Folgenden möchte ich genauer beleuchten, was darunter zu verstehen ist – und was nicht. Dazu ist es nötig, zunächst deutlich zu machen, in welchem Spannungsfeld sich Kontemplation bewegt. Im Wesentlichen geht es um folgende Bereiche:

Spiritualität

Wir gebrauchen das Wort »Spiritualität« im Sinn von Formen der Frömmigkeit. So gibt es zum Beispiel die benediktinische Spiritualität, die geprägt ist von einer feierlichen Liturgie, dem gregorianischen Choral, einem gemeinsam gesungenen Chorgebet; Stille und Schweigen spielen eine große Rolle sowie das Zusammenspiel von Beten und Arbeiten. Oder die feministische Spiritualität: Sie hebt insbesondere die weiblichen Züge des Gottesbildes hervor, lässt sich inspirieren von den großen biblischen Frauengestalten (Maria, Maria Magdalena und so weiter), sucht eine frauengerechte Sprache in Gebet und Liturgie. Zudem ist sie geprägt von einer Hochschätzung der Leiblichkeit, der Emotionalität und des Eros.

Im Wort »Spiritualität« ist aber das lateinische Grundwort *spiritus* (griechisch: *pneuma*, hebräisch: *ruach*), Geist, enthalten. Spiritualität meint die Erfahrung des Geistes, des Geistes Gottes, das Ergriffensein und Berührtsein durch das Geheimnis, das hinter allem ist und weht. Gott ist Geist und er weht, wo er will (Joh 4,24). Dort, wo der Mensch über das rein Irdische hinausgeht, wo er nach der Tiefendimension des Lebens fragt, wirkt bereits der Geist, dort entsteht im Menschen Spiritualität.

Die Sinnfrage hat wesentlich mit Spiritualität zu tun. Diese kann sich im Menschen von innen her stellen und in ihm einen Hunger, eine Suche auslösen: Welchen Sinn hat alles, warum bin ich, warum habe ich dieses Schicksal? Dabei gibt es verschiedene Intensitäten der Erfahrung dieses Geistes, sowohl kollektiv als auch individuell.

Gottes Geist wirkt aber auch dort, wo der Mensch von Erfahrungen übermannt wird, die nicht seinem alltäglichen Bewusstsein entsprechen. Dort wo er staunt, berührt und überwältigt ist, wo er das Normale und Vordergründige transzendiert. Die Religionsgeschichte spricht hier von der Erfahrung des »Heiligen« (Rudolf Otto), des sogenannten *tremendum et fascinosum*. Das meint: Der Mensch hat die Fähigkeit von einer Wirklichkeit überwältigt zu werden, die ihn einerseits zutiefst erschreckt *(tremendum)* und ihn dennoch auf der anderen Seite zutiefst anzieht *(fascinosum)*. In dieser Tiefenerfahrung liegt der Ursprung von Religion überhaupt. In der unmittelbaren Erfahrung des Heiligen, des Mysteriums, verhält sich der Mensch. Es ist etwas, das ihn unmittelbar angeht, das ihn ergreift, überwältigt, erschüttert, das ihn mit einem Schauer belegt, dem er sich nicht entziehen kann. Diese Wirklichkeit ist nicht durch unseren Intellekt rational einholbar, nicht vermittelbar, sondern eben nur erfahrbar.

Spiritualität ist die Tiefendimension von Religion. Die Erfahrungen von Gottes Geist sind das eigentlich Innerste von Religion. Ohne diese wäre sie tot wie ein Baum ohne Saft.

Spiritualität hat mit Wachsein zu tun, ganz bewusst im Augenblick zu leben. In der Sprache der biblischen Gleichnisse ist dann die Rede vom »Wachen« (Mt 24,42–44) oder davon, die Lampen brennen zu lassen, vom Öl in den Lampen (Mt 25,1–13). Spiritualität ist aber so gesehen nicht vermittelbar, nicht lehrbar, sondern kann nur im Menschen angeregt, erweckt werden. Kontemplative Spiritualität sucht durch die Methode des Schweigens, der Achtsamkeit auf Atem und Gebetswort und dem Sich-Öffnen für Gottes Gegenwart für die Erfahrung dieses Geistes zu öffnen. Alles, was dabei emotional oder mental störend ins Bewusstsein tritt, will bereinigt werden.

Religion

Religion ist der Ausdruck spiritueller Erfahrung. Hier werden die überwältigenden, absoluten Erfahrungen symbolisch zur Sprache gebracht und gefeiert. Dabei sind diese in den verschiedenen Religionen in vielfältige Formen geflossen. Die Symbole der einzelnen religiösen Traditionen hängen von der Zeit, der Landschaft, dem Klima, der Kultur, der Sprache und dem philosophischen Umfeld, in dem sie entstehen, ab. Die reine Begriffssprache kann das Wesentliche, das Tiefe, um das es dabei geht, nicht richtig ins Wort bringen. Deshalb wird die Sprache der Dichter, die Sprache der Symbole verwendet. Das Symbol ist die eigentliche Sprachgestalt der tieferen geistlichen Erfahrung. So heißt das Glaubensbekenntnis im Griechischen *Symbolon*. Das Symbol zeichnet sich dadurch aus, dass zwei Teile zusammengefügt werden: Auf der einen Seite haben wir den Begriff, auf der anderen Seite die göttliche, transzendente Geistwirklichkeit, die eigentlich unaussprechlich ist.

Religionen sind symbolhafte Ausdrucksformen der Spiritualität. Darum gibt es jedoch trotz der Vielfalt der verschiedenen Religionen eine Einheit in der Spiritualität, im gemeinsamen Ursprung, dem Geist Gottes. Ein Religionswissenschaftler brachte das zu der Einsicht, dass »sämtliche großen Religionen nur Begriffe und Konzepte sind, wie Abschirmungen, die man vor das große Mysterium des Lebens gestellt hat«. Er versteht sie als das Sichtbare dessen, was Menschen »erkannt und verstanden haben und was sie formulierten, um sich sicher zu fühlen angesichts des Unbenennbaren, Unerkennbaren, des sich immer wandelnden Liedes des Lebens«.[1]

Religion entfaltet sich meist in vier Aspekten: Zunächst werden bestimmte Glaubensinhalte festgeschrieben (zum Beispiel in den verschiedenen Glaubensbekenntnissen). Dann werden die wichtigsten Heilserfahrungen in Festen und kultischen Anweisungen festgelegt (zum Beispiel das Paschafest als Gedenken an die Befreiung aus der Knechtschaft Ägyptens; das Paschalamm wird geschlachtet in Erinnerung an das Schlachten der Lämmer in der Auszugsnacht; das Osterfest als Gedenken an die Auferstehung Jesu Christi nach Kreuz und Tod; der Sonntag als wöchentliches Gedenken des Ostergeheimnisses; die Eucharistiefeier als Gedenken an das letzte Mahl Jesu mit seinen Jüngern und so weiter). Des Weiteren entwickelt jede Religion ethische Handlungsnormen, nach denen sich die Gläubigen richten sollen (zum Beispiel Zehn Gebote, Liebesgebot Jesu und so weiter). Sodann entwickelt jede Gruppe soziologische Strukturen und daher auch jede Religion, durch die das Zusammenleben der Gläubigen geregelt wird.

Eine besondere Aufgabe kommt dem Kult zu. In ihm soll die ursprüngliche spirituelle Erfahrung verdichtet dargestellt und den Gläubigen spürbar, neu erfahrbar gemacht werden. In der Predigt müssen Priester und Theologen die Glaubensinhalte in die jeweilige Zeit, Sprache und Situation der Gemeinde übertragen.

Religion ist immer gefährdet, durch politische und wirtschaftliche Machtinteressen verformt und missbraucht zu werden. Besondere Stichworte solcher Fehlentwicklungen sind:

- Dogmatismus, gekennzeichnet durch Absolutheits- und Machtansprüche, Fundamentalismus, gekennzeichnet durch Intoleranz und Ausgrenzung;
- Ritualismus, gekennzeichnet durch Verkrustung im formalen Vollzug des Rituals;
- Legalismus, gekennzeichnet durch die formale Erfüllung von sinnwidrigen Gesetzen;

- Strukturalismus, gekennzeichnet durch undurchlässige Hierarchien, Amt statt Charisma.

Religion gleicht einem Kleid, einem Gefäß, das das Geheimnis umhüllt. Sie gleicht einer Schatulle, die einen Schatz beherbergt. Religion kann sich ändern, entscheidend ist, dass der Schatz, das Geheimnis der Geisterfahrung bleibt, wenn das Kleid abgestreift, das Gefäß entfernt wird.

Mystik

Die Mystik macht uns in einer Gegenbewegung auf die Tiefendimension von religiösen Symbolen aufmerksam. Sie will den Menschen in die Erfahrung des Geistes führen und ihm die Wirklichkeit hinter dem Symbol zeigen. Deshalb bleibt die Mystik nie bei den dogmatisch festgelegten Glaubensinhalten stehen, begnügt sich nicht mit den Begriffen, Ritualen und Symbolen, sondern weist immer darüber hinaus. Das wird deutlich in den Grundsätzen, denen sie folgt:

- Gott ist ganz anders – *Deus totaliter aliter*
- Gott ist immer größer – *Deus semper major*
- Gott ist nicht in irgendeiner Art oder Weise – *Deus non est in genere*

Daraus ergibt sich eine fast natürliche Spannung zwischen Mystik und Dogmatik, zwischen Mystiker und Dogmatiker. Der Dogmatiker versucht die Gotteserfahrungen einzufangen, begrifflich festzulegen, zu beschreiben und in einem theologischen System zu ordnen. Der Dogmatiker ist gleichsam der Hüter einer bestimmten Form von Wahrheit und Spiritualität. Der Mystiker ist dagegen eher der Führer oder Vermittler von Wahrheit oder zur Erfahrung. Der Mystiker bleibt offen auf das hinter allem waltende Geheimnis Gottes. Er lässt sich auch nicht sprachlich festlegen, findet immer neue Bilder, neue Symbole, und stellt damit die etablierten Formulierungen religiöser Sprache infrage. Es geht ihm um die Transzendierung. Das löst bei allen, die sich in einem begrifflichen theologischen System eingerichtet haben, Ängste aus. Was ist da überhaupt noch sicher? Was stimmt denn jetzt noch? Doch Gottes Geist weht, wo er will. Er lässt sich nicht in Begriffen und Systemen einfangen, so wichtig diese auch sein mögen für uns Menschen.

Wir finden die zum Schweigen gebrachten Mystiker, die gesteinigten Propheten in allen großen Religionen. Und wir finden diese Spannungen zwischen Mystik und Dogmatik in allen Epochen: In der Entstehungszeit des Alten Testaments, als die Propheten verfolgt wurden, in der Zeit der mittelalterlichen Inquisition, die Mystikerinnen und Mystiker verbrennen ließ, wir finden sie im Islam, der seine Sufimystiker verfolgte. Aber auch die im Westen oft idealisierten Traditionen des Buddhismus und Hinduismus kennen die Verdrängung und Verfolgung von Meistern und Mystikern.

Die Mystik fordert eine grundsätzliche Offenheit gegenüber Gott, aber auch Toleranz gegenüber allen anderen Religionen. Denn in ihnen findet Gottes Geist ebenfalls seinen Niederschlag. Daher findet sich genau hier der Ansatz für einen Dialog, für eine Ökumene der Religionen. Deshalb ist es für mich wichtig, den kontemplativen Weg auch im Vergleich mit den Versenkungswegen anderer Religionen zu sehen. Wir finden dabei erstaunliche Parallelen, die die eigene Praxis inspirieren können.

In der kontemplativen Übung geht es darum, offen zu werden für den Geist Gottes. Es ist wichtig, dass wir alle Vorstellungen, alle Bilder lassen und uns in der einfachen wiederholenden Übung der Atembeobachtung und dem inneren Lauschen auf das gewählte Gebetswort uns Gottes Gegenwart hinhalten.

Kontemplation will in die eigene innere Erfahrung führen und somit den geistlichen Wachstums-, Reifungs- und Wandlungsprozess fördern.

Voraussetzungen und Haltungen

Wesentliche Elemente der kontemplativen Übung

Zu Beginn der Kontemplationskurse gebe ich den Teilnehmenden eine Art »Wegweiser« mit, der so auch generell am Beginn jedes kontemplativen Übens stehen kann. Es geht um wesentliche Haltungen, die wichtig sind, um in die Übung finden zu können.

1 Ein Kontemplationskurs ist eine intensive Übungszeit in einer Gruppe. Dabei wird die Gruppe von vielen Menschen als eine Hilfe für die Vertiefung der Kontemplation erfahren. Üben heißt nicht, perfekt zu sein, sondern immer wieder neu zu beginnen, wenn man aus der Übung herausgefallen ist. Perfekt sein zu wollen setzt nur unter Druck und endet in der Ermüdung und Frustration. Der Fortgeschrittene zeichnet sich dadurch aus, dass er einfach neu beginnt, ohne sein vorangehendes Scheitern zu bedenken, zu bewerten oder sich gar zu verurteilen. Aber er übt konsequent, mit Entschiedenheit.

2 Bisweilen begegne ich in der kontemplativen Begleitung Menschen, die mir versichern, dass sie sich in diesen Tagen wieder ganz konzentriert in die Übung geben wollen. Die Gefahr dabei ist, dass sie sich zu sehr anstrengen und nicht in die Leichtigkeit, Gelassenheit, Entspanntheit finden, die für die Kontemplation wichtig ist. Es ist oft eine schwierige Gratwanderung zwischen sich anstrengen, konzentrieren, mühen auf der einen Seite und »sich hängen lassen«, »die Seele bau-

meln lassen« auf der anderen Seite. Die für die Kontemplation wichtigen Geistes- und Seelenqualitäten wie Klarheit, Wachheit, Bewusstheit, Entschiedenheit in Gelassenheit und innerer Leichtigkeit liegen irgendwo zwischen diesen Extremen. Es scheint mir wichtig, dass man sich bewusst ist: Man muss in diesem Kurs nichts Bestimmtes erreichen, nichts abliefern. Wenn man etwas erreichen möchte, dann ist es eine fast natürliche Reaktion, dass man sich anstrengt. Anstrengung bedeutet Anspannung, und man ist auch nicht mehr ganz offen.

3 Äußeres Zur-Ruhe-Kommen fördert auch das innere Zur-Ruhe-Kommen. Daher der Hinweis, diese Ruhe bewusst zu suchen und alles zu tun, was sie entstehen lässt. Man muss nicht alles mitnehmen, was der Ort zu bieten hat: alle Gottesdienste, alle Informationsaushänge und Prospekte, alle Klosterneuigkeiten, alle Kaufangebote, alle landschaftlich schönen Stellen. Lassen Sie alles, was nicht wirklich weiterhilft! Verweilen Sie! Weniger ist oft mehr. Suchen Sie auch die innere Stille. Dazu kann das Spüren des eigenen Atems eine Hilfe sein. Ihn einfach wahrnehmen, wie er kommt und geht, ohne ihn irgendwie zu beeinflussen, anders haben zu wollen. Das Spüren des eigenen Atems führt nach innen, führt aus dem Kopf ins Hier und Jetzt, in den Körper.

4 Lassen Sie die Dinge im Außen, in der Natur auf sich wirken: einen Baum, eine Blume, die Landschaft. Die Seele liebt das Verweilen und Verkosten der Dinge von innen heraus. Nicht die Bewertung, exakte Analyse, das Definieren, das gedankliche Kreisen um Probleme, das Aktivieren des Mentalen ist für die Kontemplation hilfreich, sondern das Verweilen im eher seelischen Raum.

5 Ein entscheidender Punkt der inneren kontemplativen Übung ist, sich immer wieder auf die Gegenwart Gottes auszurichten, sich immer wieder zu öffnen für dieses Geheimnis, das alles durchdringt, in dem wir leben, atmen, uns bewegen. Wie der Fisch vom Wasser, wie der Vogel von der Luft um-

geben ist, so sind wir von diesem göttlichen Geheimnis umfangen. Da hinein sprechen wir, atmen wir unser Gebetswort. Manche Menschen spüren diese Gegenwart Gottes, fühlen sich in einen Mantel der Liebe eingehüllt. Anderen ist diese Wahrnehmung der Gegenwart Gottes fremd. Auch hier ist wichtig: Sie müssen nichts Bestimmtes spüren. Entscheidend ist diese innere Ausrichtung, dieses Sich-Öffnen für das Geheimnis Gottes.

6 Die Achtsamkeit auch bei der Körperhaltung kann helfen, in eine größere Wachheit, Bewusstheit, Präsenz zu finden. Die Betonung der Aufrichtung der Wirbelsäule ohne willentliche, muskuläre Anspannung ist deshalb in vielen Meditationstraditionen (Zen, Yoga und so weiter) gleich. Gerade der Anfänger kann dadurch seinen Körper zu einem Verbündeten für die Übung machen. Allerdings gibt es sehr wohl Grenzen, wenn jemand alt ist oder unter einer Krankheit leidet. Auf dem Athos ist einer der ersten Schritte bei der Einführung des jungen Mönches in das Herzensgebet, dass er beten soll wie ein Berg. Der Berg ruht einfach in sich, ist nur da, will nichts, bewertet nicht, macht nichts. Alles darf sein, wie es ist.

7 Für die kontemplative Übung ist es günstig, wenn man eher etwas weniger isst und dafür mehr trinkt. Das verhindert manche Schwere und geistige Dämmrigkeit.

Eintauchen in die Gegenwart Gottes

Ich halte nun seit vielen Jahren Kurse in Kontemplation. Doch immer wieder kommt mir zu Beginn eines Kurses die alttestamentliche Erzählung aus dem 2. Buch der Könige (2 Kön 5,1–15a) in den Sinn. Hier wird vom Feldherrn Naaman berichtet, der eigentlich alles besitzt, was zum Leben wichtig ist. Er ist reich, erfolgreich und tapfer, er genießt Ansehen in der Gesellschaft, hat sogar den König zum Freund und damit Einfluss und Beziehungen. Nur eine Sache fehlt. Er ist an Aussatz erkrankt.

In dieser alten Geschichte ist ein Grundmuster menschlichen Verhaltens archetypisch oder modellhaft beschrieben, das mir auch in der Begleitung von Menschen ständig begegnet. Viele Menschen, die sich auf den kontemplativen Weg machen, haben eigentlich alles, wenn da nicht irgendein Thema, ein Problem, ein Leid wäre, das sie in ihrem Glück stört. Das kann eine physische Erkrankung sein, die einfach nicht besser wird, trotz allem ärztlichen Bemühen. Das kann ein psychisches Problem sein wie eine Essstörung, Schlafstörung, Ängste, ein Kindheitstrauma, das Gefühl, sich nicht geliebt und angenommen zu erleben oder Depressionen. Es kann auch eine Lebenskrise sein, zum Beispiel in der Lebensmitte oder der Übergang in den Ruhestand, das allgemeine Älter- und Gebrechlich-Werden. Es kann aber auch sein, dass man eine seiner Charaktereigenschaften nicht akzeptieren kann, zum Beispiel ein Makel, der Minderwertigkeit empfinden lässt.

Andere haben vielleicht Schulden und kommen mit dem Leben nicht zurecht, finden nicht den rechten Lebenspartner, leiden unter Einsamkeit, unter der Trauer um einen verstorbenen Mitmenschen, Verwandten, Freund. Wieder andere haben Probleme am Arbeitsplatz – Überlastung, Mobbing, drohende Arbeitslosigkeit – oder Familienprobleme: die Ehe scheitert, die Kinder entwickeln sich in eine schwierige Richtung.

Manche leiden jedoch nicht einmal an irgendetwas, sie haben alles, aber sind dennoch nicht glücklich. Sie wissen gar nicht recht, was es eigentlich ist, das da fehlt. Irgendetwas ist nicht heil, nicht ganz und rund.

Sie haben schon sehr viel unternommen und investiert, damit sie dieses Leid, dieses Problem loswerden. Zum Beispiel verschiedene Kurse besucht, eventuell sogar eine Ausbildung gemacht, viele Bücher gelesen oder aber auch die Ernährung umgestellt und eine Diät gelebt. Sie haben vielleicht auch schon alternative Heiler aufgesucht, einen Schamanen konsultiert, über mögliche Ursachen in früheren Leben Erkundigungen eingeholt. Jetzt glauben sie zu wissen, was der Grund ist. Aber das Problem bleibt. Dann haben sie gehört, dass man über Meditation eventuell das Problem beheben könnte, und sie sind bereit, sich auf das lange Sitzen in der Stille einzulassen. Dahinter steckt auch häufig die Ansicht: Eine Medizin, die nicht bitter ist, heilt nicht.

Die meisten haben jedoch auch ganz genaue Vorstellungen oder Konzepte, wie dieses Problem gelöst werden muss. Sie meinen:

- Wenn nur die anderen (der Ehepartner, der Sohn, die Tochter, der Arbeitgeber, die Gesellschaft und so weiter) es einsehen würden und sich ändern würden. Die Schuldigen sind bekannt, aber das ändert mein Leid nicht, weil diese sich nicht ändern.
- Nur diese eine Sache müsste anders sein, dann wäre mein Leben glücklich.
- Wenn ich nur den richtigen Arzt, Heiler, Therapeuten, die richtige Therapie finden würde, würde sich alles ändern.
- Die moderne Medizin ist in meinem Fall überfordert, jetzt hilft nur noch ...
- Etwas Psychisches kann es nicht sein, ich bin doch nicht verrückt! Zu einem Psychologen gehe ich nicht, was würden denn da die anderen denken?

In der biblischen Geschichte von Naaman ist die Heilung ganz einfach: sich waschen und sieben Mal eintauchen in das Wasser des Jordan. Auf die Kontemplation übertragen heißt das: einfach eintauchen in die Gegenwart Gottes. Die Zahl Sieben hat im biblischen Kontext immer symbolische Bedeutung. Es geht darum, immer wieder einzutauchen in dieses Geheimnis der Gegenwart Gottes, sich immer wieder neu auszurichten und neu einzutauchen in das Schweigen, in die Stille. Auch wenn der Kopf uns sagt: Das kann doch wohl nicht die Lösung, die Heilung bewirken. Wir sollten möglichst die Konzepte, wie wir geistlich voranschreiten, wie wir heil werden, wie es mit unseren

Problemen weitergeht, lassen und uns Gottes Gegenwart einfach hinhalten, eintauchen in seine Präsenz, hier und jetzt, und auch die konstruktiven Lösungsvorschläge, die wir Gott gerne unterbreiten, sein lassen und uns stattdessen ihm überlassen.

Nacktheit

Im ersten Buch der Bibel wird uns in einer mythologischen Geschichte vom ursprünglichen Dasein des Menschen im Paradies erzählt. Während meines Studiums hat man uns gelehrt, ein Mythos ist das, was historisch nie geschah, was aber dennoch immer ist. Nach dieser biblischen Erzählung ist der Mensch im paradiesischen Zustand nackt. Nacktsein bedeutet nichts haben, nichts anhaben, sich nicht einhüllen, bedeutet Armut, frei, authentisch sein. Im Buch Genesis heißt es dann, dass ein Unglück geschah, als der Mensch vom Baum der Erkenntnis von Gut und Böse aß.

Nach diesem sogenannten Sündenfall konnte der Mensch nicht mehr nackt sein. Es ist etwas geschehen, was ihn seiner ursprünglichen Freiheit und Authentizität beraubte. Er brauchte die Umhüllung, die Bedeckung, Kleidung. Damit beginnt aber auch die Verkleidung seines authentischen Seins. Die Seele versteckt sich hinter einer Maske und der Mensch verliert ein Stück seines Offen- und Freiseins. Authentisch zu sein hat mit Wahrheit zu tun.

Die ursprüngliche paradiesische Armut, Freiheit, Authentizität geht über in die Vortäuschung von etwas durch Kleidung und Besitz. Und hierin liegt die Aktualität dieser alten biblischen Geschichte: Es zeigt sich das, was immer ist – auch heute ist. Wie viel Täuschungen und Verkleidungen legen wir uns zu, um die Nacktheit unserer Seele zu verbergen? Materieller Besitz, aber auch geistige Besitztümer (Doktortitel, Ruhm, Macht, Autorität, berufliche Stellung) täuschen vor, etwas zu sein oder zu haben, während die Seele in ihrer ursprünglichen Freiheit, Einfachheit, Lauterkeit, Armut, Authentizität aus dem Blick gerät.

Reichtum und Falschheit, Täuschung, Vortäuschung stehen in Spannung zu Echtheit, Unmittelbarkeit, Einfachheit, Lauterkeit der Seele.

Die Täuschung des Habens, des Besitzens, des Reichtums besteht darin, dass wir das, was wir haben, mit dem verwechseln, was wir im Tiefsten, was wir in unserer Seele sind. Sie wird gerne ausgeblendet, vergessen, nicht beachtet. Der bekannte Psychologe Erich Fromm schrieb vor vielen Jahren das berühmte Buch »Haben oder Sein«. Diese beiden Dinge, Haben, Besitzen und Sein, stehen in einer Spannung und schließen sich in gewisser Weise aus. Es ging Fromm darum, wie es gelingen kann, vom Haben zum Sein zu gelangen.

Im Neuen Testament wird die Frage gestellt: Was nützt es dem Menschen, wenn er die ganze Welt gewinnt (besitzt), aber Schaden an der Seele nimmt? (Lk 9,25). Wir kennen auch die Aussage Jesu, dass eher ein Kamel durch ein Nadelöhr geht, als ein Reicher in das Himmelreich gelangt. Wie groß wir uns das Nadelöhr auch immer vorstellen, es wird nie ein Kamel hindurchpassen. Es ist nach der biblischen Radikalität unmöglich. Himmelreich steht hier als ein Begriff für das Heilsein, Ganzsein, das paradiesische Sein. Reichtum verhindert, in diesen heilen, ganzen, paradiesischen Zustand zu gelangen.

Die Täuschung liegt darin, dass wir meinen, wir wären mehr, wenn wir mehr besitzen als der andere. Unser Haus, unser Auto, unsere Markenkleidung, unsere Titel, unsere Eintragungen im Grundbuchamt betrachten wir als einen Teil von uns. Und wenn unser Auto beschädigt, zum Beispiel verkratzt wird, dann löst das in uns Ärger, Wut, Ohnmacht, Verlangen nach Wiedergutmachung und Sühne aus, wobei doch eigentlich nur ein Gegenstand angekratzt ist. Warum sind wir deshalb so aufgebracht, ebenfalls angekratzt? All dieser Besitz wird wie ein Glied unseres Körpers inkorporiert. Darum sagte bereits Augustinus, sich vom Reichtum zu trennen, sei so schwer, wie sich von einem Glied des eigenen Körpers zu trennen.

In der Kontemplation geht es darum, all diese Verkleidungen, Überlagerungen, Vortäuschungen zu lassen, um der Ursprünglichkeit der eigenen Seele zu begegnen: Wer bin ich, wenn ich mich ganz authentisch meiner Seele im Spiegel stelle? Deshalb ist es vollkommen unwichtig, in einer Vorstellungsrunde bei den Kursen zur Kontemplation zu erzählen, was man beruflich macht, wer man gesellschaftlich »ist«, wie viele Kurse man schon besucht hat.

Aber auch unser Denken ist eine Art von Verdecken, Verkleiden: Wer bin ich, wenn ich all die großen, wichtigen, richtigen, aber auch die geheimen, nie eingestandenen Gedanken außer Acht lasse? Alle Kommentierungen, Bewertungen, Selbstgespräche? Was ist das für ein Mensch, wenn er sich wie der König im Märchen ohne Kleider, ohne Krone, ohne Schloss, nackt in seiner Seele zeigt? Welche Seelengröße hat er und welche Seelengröße hat Lieschen Müller, die ihm das Schloss putzt?

Auf alten Bildern werden die Seelen der Verstorbenen beim Endgericht häufig nackt dargestellt und dann gewogen: ohne Verkleidung, ohne Verstellung, ohne Maske, so, wie sie sind. Wir sagen in der katholischen Volkssprache: »Das ist eine arme Seele« und sprechen von den »armen Seelen im Fegefeuer«. Die Eschatologie als Lehre von den letzten Dingen besagt, dass beim Tod des Menschen seine Seele weiterlebt. Im Totenhemd sind keine Taschen. Der Sterbende wird nur den Reichtum seiner Seele mitnehmen, alles andere muss er seinen Erben überlassen beziehungsweise wird einfach vollkommen bedeutungslos.

Am Beginn des kontemplativen Weges kommt man unweigerlich mit der Frage in Kontakt: Wer bin ich in meiner Seele? Zunächst geht es dann um Erfahrungen und Empfindungen, die auch Gegenstand der modernen Psychologie sind. Viele Kursteilnehmer begegnen dabei in sich selbst einer großen Armut, Verletztheit, psychischen Mustern, etwas, das stark vernachlässigt, ausgeblendet oder nicht beachtet wurde, aber vielleicht auch etwas, bei dem sie spüren: Das ist das Eigentliche, da liegt ein verborgener

Reichtum, ein Schatz, da findet sich die Spur zum Wesentlichen, zum Eigentlichen, zum Entscheidenden.

In der Kontemplation geht es darum, sich dieser inneren seelischen Wirklichkeit zuzuwenden. Sich dafür zu sensibilisieren, sie ganz achtsam in den Blick zu nehmen. Und da darf alles so sein, wie es sich zeigt: friedvoll und leidvoll; seelischer Gleichmut, aber auch Seelenhunger. Wir halten unsere seelische Wirklichkeit, Echtheit, Lauterkeit, Authentizität, unsere Nacktheit Gott hin, dass er uns wandelt, reifen lässt, erlöst, reich macht. Wichtig ist, sich der eigenen inneren Wirklichkeit zu stellen, zuzulassen, es an sich geschehen zu lassen. Wir müssen eigentlich nichts tun, nichts leisten. Die Seele in den Blick zu nehmen verändert den Menschen, lässt ihn wesentlicher, eigentlicher, heiler werden. Viel Unheil besteht, weil die Seele mit ihren Bedürfnissen und ihrer Wirklichkeit, Wahrheit übersehen wird.

Ich möchte in diesem Zusammenhang an den Text von Irenäus von Lyon erinnern, den ich bisweilen am Morgen oder Abend vortrage:

Mensch, Du bist ein Werk Gottes.
Erwarte also die Hand Deines Künstlers,
die alles zur rechten Zeit macht:
zur rechten Zeit für Dich, der Du gemacht wirst.

Bringe Ihm ein weiches und williges Herz entgegen
und bewahre die Gestalt, die Dir der Künstler gegeben hat.
Halte Dich formbar, damit Du nicht verhärtest
und die Spur seiner Finger nicht verlierst.
Wenn Du den Abdruck seiner Finger in Dir bewahrst,
wirst Du zu Vollkommenheit emporsteigen.

So möchte ich Sie ermutigen, still zu werden. Vielleicht hören Sie dann, wie Ihre Seele singt.

Offenheit und Hingabe

Der russische Denker und Religionsphilosoph Nikolai A. Berdjajew prägte den Satz: »Der Mensch ist unheilbar religiös.« Wir würden vermutlich heute eher sagen: »Der Mensch ist unheilbar spirituell.« Diese Aussage wurde in den 60er-Jahren des vorigen Jahrhunderts von dem wichtigen Vertreter der amerikanischen humanistischen Psychologie Abraham Maslow wissenschaftlich untermauert. Hatte sich bisher die Psychologie besonders dem psychisch kranken Menschen mit seinen Leiden und psychischen Nöten (Neurosen, Depressionen und so weiter) zugewandt, so fragte Maslow: Was kennzeichnet einen seelisch gesunden Menschen? Bei seinen Forschungen findet er heraus, dass viele besonders gesunde Menschen von Erfahrungen intensivsten Glücks und dem Gefühl, nicht mehr von der Welt getrennt zu sein, mit allem verbunden zu sein – auch Einheitserfahrung genannt –, berichten. Deshalb kommt er zu der zentralen Aussage, dass der Mensch eine höhere und transzendente Natur besitzt. Sie gehört zu seinem Wesen. Diese transzendente Natur des Menschen zu entfalten, ist Teil des natürlichen Potenzials der Persönlichkeitsentwicklung, der Selbstverwirklichung und seiner Ganzheit. Er nennt diese Erfahrungen in einer nichtreligiösen Sprache *peak experiences* – Gipfelerlebnisse. Menschen, die solche natürlichen Erfahrungen kultivieren und in ihr Leben integrieren, haben ein erfüllteres Leben, sind glücklicher, seelisch gesünder und richten ihre Lebensgestaltung auf höhere Werte aus. Diese Art von Erfahrungen können in folgenden Lebenszusammenhängen auftreten:

- intensive Augenblicke von Liebe und sexuellem Erleben;
- Hören von Musik, aber auch in anderen ästhetischen Räumen der Kunst;
- bei Einheitserfahrungen in der Natur (Berge, Meer, Wald);

- Frauen erleben dies eventuell im Zusammenhang mit einer Geburt und Eltern in der tiefen Liebe zu Kindern;
- sportliche Ereignisse (Tauchen, Tanzen ...);
- geistliche Praxis einer Meditationsmethode.

Diese Erlebnisse treten spontan auf und sind nicht an ein religiöses oder ethisches Konzept gebunden. Vielmehr sind sie eher durch folgende Aspekte gekennzeichnet, die interessanterweise auch in der Kontemplation eine große Rolle spielen:

- totale Offenheit;
- passive, empfangende Haltung;
- Zurücknahme des Wollens/Willens und damit den Modus des Machens;
- Aufgabe der inneren Kontrolle, starkes Vertrauen oder innere Kapitulation; Hingabe;
- intensives Berührtsein oder Sich-berühren-Lassen;
- Betroffensein;
- Überschreiten der Ich-Grenze durch die Erfahrung des Aufgehens in dem, was jetzt gerade geschieht, was jetzt gerade erlebt wird;
- ehrfürchtiges Staunen;
- totale Aufmerksamkeit und Bewusstheit;
- absolute Gegenwärtigkeit.

Jeder sensible, die Welt mit offenen Sinnen wahrnehmende Mensch ist zu solchen Erfahrungen befähigt. Sie setzen keine hohe Bildung in Form von Belehrung oder Indoktrination voraus, ebenso wenig intellektuelles, erlerntes Faktenwissen oder hohe Intelligenz, sondern sind gekennzeichnet durch die innere Erfahrung, das innere Erleben und das Transzendieren seiner selbst. Von daher stehen sie in einem gewissen Gegensatz zu den traditionellen religiösen Glaubenslehren, dem Glaubenswissen, die von außen an den Menschen durch die verschiedensten Formen von Belehrung, Unterricht oder Predigt herangetragen beziehungsweise vermittelt und geglaubt, für wahr gehalten werden. Diese geglaubten religiösen Wahrheiten sind oft nur im Kopf angesiedelt. Nur intellektuell für wahr gehaltene Glaubensaussagen bleiben aber häufig abstrakt und können leicht argumentativ manipuliert werden und dann auch verloren gehen, wenn sie nicht durch persönliche Glaubens- und Lebenserfahrungen untermauert beziehungsweise bestätigt werden.

Gleichwohl steht natürlich am Anfang einer solchen Entwicklung das Für-wahr-Halten einer Glaubensaussage. Wenn ich dem glaube, so öffnet mich das für das, was gesagt wird. Glauben ist Vorschuss an Vertrauen, so kann ich dann die Erfahrung machen, dass das, was gesagt wird, stimmt. Dann kann der Glaube zur Gewissheit werden. Ich habe mich nicht getäuscht. Aber die Erfahrung ist wichtig, damit der Glaube eben nicht nur im Kopf haften bleibt.

Erfahrungen sind immer ganzheitlich im Menschen verankert. Sie umfassen Körper, Geist und Seele, sind also immer auch mit Gefühlen, die im Körper verortet sind beziehungsweise dort erlebt werden, verbunden. Damit sind sie jedoch individuell. Denn jeder erlebt sie als körperliches Wesen auf seine Weise – eben individuell.

Spiritualität ist also immer etwas, das sich nur individuell im eigenen Innen verwirklichen lässt. Von daher ist vielleicht die etwas eigenwillige Aussage des bedeutenden Sufimystikers Ibn Arabi zu verstehen, der gesagt hat: »Wissen wird nicht erworben, sondern gegeben« – in dem Sinn, dass es sich in mir ereignet. Nicht eine Autorität im Außen sagt mir, was richtig oder wichtig ist, sondern die authentische innere Erfahrung, das eigene innere Erleben. Dieses kann dann in ein traditionelles Glaubenssystem integriert werden. Oft sind diese Systeme sogar eine Hilfe, da sie sich ursprünglich aus vielen individuellen geistlichen Erfahrungen herausgebildet haben und einen Sprachkanon bereitstellen, um die eigenen Erlebnisse zu benennen, zu verarbeiten und in ein Welt- und Gottesverständnis zu integrieren. Erfahrung ist nicht nur das, was einem Menschen geschieht, sondern auch, wie er es verarbeitet und was er dann letztendlich daraus für sein Leben macht.

Ich möchte hier das Gesagte durch ein Beispiel aus der Literatur verdeutlichen. Der bekannte Mönch und spirituelle Lehrer David Steindl-Rast beschreibt in seinem Buch »Credo« ein prägendes Kindheitserlebnis: Weil er mit seinem Vetter zu einem Mittagsschlaf vergattert wird, zu dem sich beide schon viel zu groß fühlen, starten sie ein Spiel, das wohl jeder aus seiner Kindheit kennt: der Wettstreit, wer dem anderen länger in die Augen sehen kann, ohne wegzuschauen oder zu blinzeln. Doch im Spiel passiert plötzlich etwas: »Was dann geschah, kann ich auch heute noch nicht in Worte fassen. Ich könnte nur etwa sagen: Ich fiel in Friedis Augen, wie Kinder im Märchen in einen Zauberteich fallen – und er fiel in die meinen. Und wie die Kinder im Märchen waren wir plötzlich in einer anderen Welt – in einer Welt, in der wir zugleich zwei und eins sein konnten.« Als sie dann Tränen in die Augen bekommen vom langen Aufhalten, schließen sie im selben Moment die Lider. Weil sie nicht wissen, wie damit umgehen, machen sie nachher Witze über das Erlebte, »aber insgeheim wussten wir doch – und sollten es nie wieder vergessen –, dass wir einen Augenblick lang die *wirkliche* Welt gesehen hatten«, schreibt Steindl-Rast.[2]

Diese Kindheitserfahrung hat einen ganzheitlichen Charakter. Es wird etwas seelisch-körperlich erlebt und erkannt: das Gefühl, in eine andere Dimension (Zauberteich) durchgebrochen zu sein, in der alles mit Liebe verbunden ist, all-eins ist. Diese Erfahrung ist so tief in der Seele von David Steindl-Rast eingeprägt, dass sie ihm ein Leben lang nicht mehr verloren geht. Diese Erfahrung kann ihm niemand rational wegdiskutieren.

Wir können also sagen, dass Spiritualität mit einem Erwachen, Durchbrechen in eine ganz eigene Erfahrungsdimension zu tun hat, die man mit »innere Wirklichkeit des Seins, der Seele, des Selbst, des Transzendenten« benennen könnte. Letztlich kann alles eine Tür zu dieser Erfahrungsdimension sein: jeder Atemzug, jeder Schritt, jeder Handgriff. Für mich war in dieser Hinsicht die Zen-Schulung eine wichtige Inspiration. In den Koangeschichten, in denen es um ein solches Durchbrechen, Erwachen geht, sind es immer ganz einfache Lebenssituationen, die den Übenden durchbrechen lassen: das Waschen einer Teeschale; der Schrei eines Vogels, das Hören einer Tempelglocke und so weiter.

Von außen kann man nur auf die Möglichkeit solcher Erlebnis- und Erfahrungsräume hinweisen und Hilfestellungen geben, damit sich die Türen vielleicht finden lassen oder auftun, aber sie können eben nicht als Faktenwissen vermittelt werden. Man kann dies Mystagogie nennen, die Einführung in den Erfahrungsraum des göttlichen Geheimnisses.

Diese Erlebnisse werden in den klassischen Religionen »mystische Erfahrungen« genannt, die sich gnadenhaft, geschenkhaft ereignen und eben nicht willentlich kreiert werden können. Andere sprechen von transpersonalen Erfahrungen, weil sie oft das Ego transzendieren. Wieder andere sprechen von Einheitserfahrungen, da der Mensch sich darin mit allem verbunden weiß. Steindl-Rast spricht vom All-eins-Sein.

Solche Erfahrungen beeinflussen das materielle Leben. Das Geistige wirkt machtvoll durch die innere Einsicht (Evidenz) in den Lebensalltag, insbesondere, wie ein Erfahrener sein Leben gestaltet. Maslow spricht von der Ausrichtung der Lebensgestaltung auf höhere Werte. Zu diesen zählen: Wahrheit, Aufrichtigkeit, Ehrlichkeit, Schönheit, Reinheit, Einfachheit, Schlichtheit, Lebendigkeit, Gerechtigkeit, Selbstgenügsamkeit und so weiter. Diese Werte von innen als stimmig und richtig zu erleben und das damit verbundene Körperempfinden zu spüren, verändert das äußere Verhalten und Handeln des Menschen. In der klassischen religiösen Sprache nennt man dies eine Bekehrung, Umkehr, Verwandlung, geistlichem Wachstum oder Reifung. Diese Erfahrungen wirken transformativ, haben Einfluss auf das Welt- und Gottesbild, bis dahin, dass nach Maslow auch der Charakter eines Menschen tief beeinflusst werden kann. Im Buddhismus sagt man: »Je tiefer die Erfahrung, desto größer das Erbarmen.« Der Mensch wird liebevoller, gütiger, wohlwollender.

Ich denke, hier sind wir an einem ganz wichtigen Punkt, nämlich der Rückwirkung der Mystik auf das Außen, die Gesellschaft, die Welt. »An den Früchten werdet ihr sie erkennen«, sagt das Evangelium. Mystik ist also kein Rückzug auf eine Insel der Weltflucht, ein inneres Jenseits oder ins spirituell Abgehobene. Mystik bedeutet eine Werteverschiebung. Vieles, was bisher Bedeutung hatte und wichtig war, verliert an Anziehung, Faszination, Glanz. Dafür kommt aber anderes zum Tragen, das positiv und heilsam auf den Menschen selbst und auf sein Umfeld und die Gesellschaft wirkt.

Erwachen

Fast alle Menschen kennen das Phänomen, dass sie morgens aus einem Traum erwachen. Zum Beispiel dem, dass man mit dem Auto unterwegs ist und ein Problem auftritt oder dass man im Haus auf einen unbekannten Raum stößt oder auf Reisen ist und den Koffer nicht mehr findet. Nun aber ist man erwacht und stellt fest: Das war ja nur ein Traum. Die ganze Zeit lag ich mit meinem Körper im Bett. Nun aber bin ich wieder in der Realität und Wirklichkeit des Tages angelangt.

Die Traumbilder mögen eine Botschaft, eine Aussage oder Wahrheit beinhalten, sie mögen mich emotional stark beeindruckt haben, aber nun stelle ich fest, dass sie verblassen und in Vergessenheit geraten, je mehr ich mit der Realität des Wachseins konfrontiert bin: aufstehen, ins Bad gehen, anziehen ...

Dieser Übergang vom Traum zum Erwachen ist ein wichtiges Bild für die Beschreibung von Erfahrungen, die Menschen machen können, wenn sie in einen anderen Bewusstseinszustand jenseits des Tages- oder Wachbewusstseins durchbrechen. Es ist die Erkenntnis, dass das Tages- und Wachbewusstsein mit seinem Verständnis und Erleben von Wirklichkeit wie ein Traum ist. Das eigentliche, wirkliche, richtige Verständnis zeigt sich mir im neuen Bewusstsein, in das ich nun durchgebrochen, zu dem ich erwacht bin. Biblische Bilder für diese neue Wirklichkeitssicht sind: blind oder taub sein und nun geheilt werden.

Viele Aussagen Jesu, aber auch generell der Religionen lassen sich im Licht einer solchen neuen Bewusstseins- oder Durchbrucherfahrung noch einmal neu und vielleicht auch als zutiefst wahr verstehen. Ein Beispiel: »Ehe Abraham war, bin ich« (Joh 8,58).

Religion ist wesentlich bestimmt von den Erkenntnissen einer anderen Dimension. Wir sprechen von Weisheit, die durch tiefere Bewusstseinserfahrungen begründet ist. Sie hat eine andere Quelle der Erkenntnis und Einsicht als logisches, rationales Denken oder intellektuelle Einsicht. Wir können aber auch sagen: Solche Erfahrungen haben eine andere Logik als das normale Tages- und Wachbewusstsein.

In diese andere Dimension, diesen anderen Bewusstseinszustand, diese eigentliche Wirklichkeitssicht –Willigis Jäger spricht von der ersten Wirklichkeit – vorzustoßen, ist für manche Meditierende, gerade im Kontext asiatischer Meditationspraxis, wichtiges Ziel ihres Übens. Für mich ist diese Zielsetzung nicht so ausschließlich, weil ich auch den ganz normalen kontemplativen Wegprozess der Reinigung für einen ebenso spirituell wertvollen Reifungs-, Entwicklungs-, Wachstums- und Wandlungsprozess halte. Auch wer nicht in die Erfahrung von transpersonalem Bewusstsein erwacht, macht in der Kontemplation wichtige spirituelle, geistliche Schritte. Außerdem verhindert ein zu sehr zielgerichtetes Üben oft die Absichtslosigkeit, die eine wichtige Voraussetzung für diese Erfahrung ist.

Bisweilen wird auch von Erleuchtung gesprochen, weil alle Dinge und alle Wirklichkeit des innerweltlichen Daseins – gerade auch die leidvollen und dunklen Seiten des Lebens: Misserfolg, Probleme, Krankheit, Leid, Tod – in einem vollkommen neuen Licht gesehen werden. Manche verwenden für diese Durchbrucherfahrung das Bild einer Geburt. Interessanterweise tut dies auch Jesus, wenn er sagt, dass wir wiedergeboren werden müssen. Im Zen wird von tiefer Erkenntnis (*Kensho, Satori*) gesprochen – etwa in den Koans. Wieder andere sprechen vom Heimkommen.

Diese Durchbruch-, Erwachens- oder Geburtserfahrungen sind normalerweise unterschiedlich in ihrer zeitlichen Dauer und Tiefe. Von daher variieren auch die nachhaltigen Wirkungen auf die Meisterung des Lebens der betroffenen Menschen. Bisweilen lösen sie Verwirrung aus und es bedarf eines Begleiters, der hilft, diese Erfahrungen besser zu verstehen und einzuordnen. Hierin liegt auch der Grund, weshalb Religion den geistlichen Begleiter kennt, der etwa den Meditierenden zu dieser Erfahrung und durch sie hindurchführt (Zenmeister, Guru, Spiritual). Das setzt aber eine entsprechende innere Kompetenz beim Begleiter voraus, die nicht einfach durch einen akademischen Titel vorhanden ist. Wir kennen bei Johannes vom Kreuz und Theresa von Ávila entsprechende Klagen und harte Kritik an der Inkompetenz der damaligen geistlichen Begleiter.

Nun haben viele Religionen Methoden entwickelt, die den Menschen in dieses Erwachen führen sollen. Wichtige Rahmenbedingungen für diese Hinführung sind:

1 Man sollte sich aus den normalen und gewohnten Alltagsbezügen herausnehmen und auch von Beruf und Familie, sozialen Kontakten Abstand nehmen und sich zurückziehen (Retreat).

2 Man sollte für körperliche und psychische Entlastung sorgen:

- keinen Arbeitsdruck (Beruf), Handlungsdruck, Entscheidungsdruck, Ergebnisdruck, Erfolgsdruck aufbauen;

- weniger essen, eventuell leichte Kost (vegetarisch), dafür mehr trinken; eventuell auch fasten, weil man so durchlässiger wird und nicht so belastet ist;
- ausschlafen, entspannen.

3 Sich ins Schweigen, Alleinsein zurückziehen und bei sich bleiben:

- keine neuen mentalen Inputs (Telefon, E-Mails, Gespräche, Bücher); ich erlebe in den Kursen immer wieder, dass diese Anweisung, die in jeder Einführung genannt wird, von einem Teil der Gruppe nicht ganz ernst genommen wird. Es werden trotzdem E-Mails abgerufen, Telefonate geführt, es wird gelesen. Diese Kursteilnehmer sabotieren sich selbst und lassen auch in der Gruppe die Intensität des Energie- und Kraftfeldes leiden;
- das Mentale beruhigen, kognitive Strategien zur Lösung von Problemen und Fragen loslassen; Ausschalten des inneren gedanklichen Monologs; Verminderung der Kopflastigkeit; Entleerung des Gedankenfeldes;
- den Schwerpunkt auf die Wahrnehmung legen (Natur, Körper, Atem und so weiter), entspannte Wachheit, Aufmerksamkeit, Achtsamkeit, Schauen, ins Sein kommen, bewusste Präsenz;

4 Stille, Leere, Ruhe (*Apatheia, Hesychia*):

- von einem aktiven in einen mehr passiven Lebensmodus kommen;
- nichtbewertendes Gewahren, Verweilen, Absichtslosigkeit, Sein.

Die Charakteristika solcher Durchbruchserfahrungen sind:

- Sie geschehen bei klarem Bewusstsein. Alle äußeren Dinge, innerweltlichen Gegenstände/Objekte sind in ihrem äußeren Erscheinungsbild unverändert. Die Lebenssituation (Probleme, Krankheiten und so weiter) ändert sich im Außen nicht.

- Das, was erfahren wird, ist von großer Evidenz. Im eigenen Bewusstsein ist es eine absolute Sicherheit, dass es so ist, wie es erlebt wird. Man sieht sich wie aus einem Traum erwacht zur neuen eigentlichen Wirklichkeit.
- Die Erfahrung kann von wenigen Augenblicken über Stunden bis zu Tagen andauern und sich im Lauf des Lebens immer wieder einstellen. Ich weiß aber von niemandem, der in diesem Zustand auf Dauer verharrte. Das bedeutet: Der Zustand ist flüchtig.
- Das, was geschaut, erfahren, erlebt wird, ist nur schwer ins Wort zu bringen. Meist werden Bilder verwendet, wird in Paradoxien gesprochen. Erst, wenn auch das Gegenüber diese Erfahrung kennt, kann sie verstanden werden. Um das zu verdeutlichen: Erklären Sie einmal jemandem den Geschmack einer Frucht, wenn er sie noch nicht gekostet hat, oder den Klang von Musik einem von Geburt an tauben Menschen.
- Die Erfahrungen können, müssen aber nicht von intensiven, als positiv empfundenen Gefühlen wie Freude, Glück, Erlöstsein, absolute Freiheit, Liebe, Dankbarkeit begleitet werden. Sie können auch Angst auslösen, weil das Erleben nicht eingeordnet werden kann und den bisherigen Verstehens- und Erlebensrahmen sprengt.
- Betroffene haben ein anderes Zeitempfinden: Es gibt nur diesen Augenblick. Alles ist nur, weil es von Gott Augenblick für Augenblick im Dasein gehalten wird.
- Viele haben ein Einheitserleben, eine Einheitserfahrung. Deshalb sprechen manche auch von der Erfahrung des Non-Dualen (»nicht Zwei«, Zen/Ken Wilber). Es herrscht das Gefühl: Ich bin Teil eines großen Ganzen. Paulus formuliert im Gala-

terbrief: »Nicht mehr ich lebe, sondern Christus lebt in mir« (Gal 2,20). In der Ostkirche spricht man von der *Theopoiesis* – »Ich bin göttlich«. Das Ego/Ich ist verschwunden, gestorben. Jesus sagt: »Ich und der Vater sind eins« (Joh 10,30). Paulus meint: »... doch es ist Gott, der alles in allem bewirkt« (1 Kor 12,6), und im Epheserbrief: »Gott, der da ist über allem und durch alles und in allem« (Eph 4,6). Angelus Silesius formuliert: »Gott betet sich selbst an.« Man erkennt, dass alles mit allem verbunden ist. Es kommt zur Aufhebung der Subjekt-Objekt-Spaltung. Wir sprechen deshalb auch vom transpersonalen Bewusstsein.

- Die Erfahrung nimmt den Betroffenen die Angst vor dem Tod, denn für sie ist evident, dass die göttliche Wirklichkeit ewig ist und man selbst ein Teil dieser göttlichen Wirklichkeit. Die äußere Form des Körpers wird nach dem Tod zerfallen, aber das Wesen, »göttlich zu sein«, wird bleiben.

- Der Hintergrund, der Grund, das Wesen unserer raum-zeitlichen Wirklichkeit tritt in den Vordergrund. Es wird offenbar, dass es immer schon so war, auch wenn wir es nicht erfahren haben und wir noch nicht dazu erwacht, geboren waren. Es fällt wie Schuppen von den Augen. Karlfried Graf Dürckheim spricht von der immanenten Transzendenz. Die diesseitige Wirklichkeit wird transparent auf den dahinterliegenden Seinsgrund.

- Die Erfahrung bricht ein und ist nicht Ergebnis von rationalen Denkprozessen. In der Theologie spricht man von Gnade. Alles dualistische Denken verhindert diese Erfahrung.

- Alle Dinge im Außen bleiben, wie sie sind. Die Sorgen, Probleme, Krankheiten und so weiter verlieren aber ihren bedrängenden Charakter. Es entsteht eine völlig neue Sicht auf die Dinge. Deshalb wird auch von einer Befreiung gesprochen. Alles ist bereits erlöst trotz allem.

- Besonders häufig brechen Menschen zu dieser Erfahrung in absoluten Krisensituationen des Lebens durch, zum Beispiel bei Todesgefahr. Das hängt damit zusammen, dass dann kognitive Lösungen nicht mehr greifen. Dieser kognitive Zusammenbruch rationaler Lebensbewältigung und -strategie führt oft zur Öffnung in den non-dualen Raum. Aber auch die Nacht begünstigt diese Erfahrung. Viele Erleuchtungserfahrungen ereignen sich nachts, weil dann eine größere Offenheit, Durchlässigkeit und Sensibilität in der Seele des Menschen vorhanden zu sein scheint.

Wenn nun jemand zu einer solchen Erfahrung erwacht ist, sollte er versuchen, so lange wie möglich darin zu bleiben. Danach beginnt der schwierige Prozess der Integration. Normalerweise braucht es jemanden, der einem hilft, diese Erfahrung zu verstehen und in das Tages- und Wachbewusstsein zu integrieren.

Für mich war dabei die Koanschulung eine wichtige Hilfe. Ich verstand die Koans, aber sie halfen mir auch, diese Erfahrung im Alltag tiefer zu verstehen. Oft gab es dabei innere Aha-Erlebnisse: Ach ja, das ist es! Für meine christliche Verortung bedeutete das, viele Aussagen der Bibel, Jesu oder auch der Theologie (zum Beispiel die Sakramentenlehre) noch einmal anders, tiefer zu verstehen. Ich kann mir nicht vorstellen, dass Jesus manche seiner Aussagen getroffen hat, ohne dass diese Erfahrung im Hintergrund vorhanden war. Zudem sind viele Texte von Mystikern (christliche wie nichtchristliche) mir dadurch zugänglich und sehr wertvoll geworden, zeugen sie doch von tiefer Gotteserfahrung.

Begegnung mit sich selbst

In meiner Gymnasial- und Jugendzeit herrschte allgemein eine optimistische Grundstimmung in der jungen Generation, weil man aufgrund der modernen Forschung die Welt, die Natur und sich selbst immer besser in ihren inneren Zusammenhängen verstehen und damit auch für sich selbst im guten Sinn nutzbar machen konnte. Gerade das Verstehen und Beherrschen der Natur und die daraus mögliche Entwicklung entsprechender Technik sind die Voraussetzungen, ein Leben mit größtmöglichem Glück in materiellem Wohlstand für große Teile der Menschheit zu realisieren. Das war die Hoffnung. Auch wenn das damals noch nicht für alle verwirklicht war, wäre es bei einer klugen Politik und dem guten Willen aller realisierbar gewesen. Solche Vorstellungen hatte in der Nach-68er-Zeit meist eine linke politische Agenda. Dieser Optimismus, diese reale Utopie hat aber inzwischen Risse bekommen und es beschleicht einen eine Unsicherheit beziehungsweise ein Unwohlsein.

Der bekannte Psychoanalytiker und humanistische Psychologe Erich Fromm formuliert es in einem seiner Bücher wie folgt: »Trotz all seines Wissens um die Materie ist er in den wichtigsten und grundlegenden Fragen der menschlichen Existenz unwissend: was der Mensch ist, wie er leben soll ...«[3]

Die offene Frage bleibt: Was ist der Sinn des menschlichen Lebens, was ist das tiefere Ziel unserer Existenz? Immer noch mehr Konsum auf Kosten der Umwelt und der weltweiten Ressourcen wird es wohl nicht sein können, zumal der Mensch sich damit selbst in große Bedrängnis und Probleme bringt. Welche ethischen Handlungsmaximen (Werte) sind für den Menschen förderlich und welche letztlich schädlich? Hedonismus mit seiner Maxime: Gut ist, was mir Spaß macht, was mir Lustgewinn bringt, kommt schnell an seine Grenzen. Denn was ist, wenn es meinem Arbeitskollegen Spaß macht, mich zu beherrschen und kleinzuhalten, oder wenn der Eindruck entsteht, dass mein Arbeitgeber sich daran erfreut, immer mehr von mir zu fordern zu seinem materiellen Nutzen und Prestige?

Nur die Kritik an den bestehenden ökonomischen, politischen, religiösen Verhältnissen führt ebenso nicht weiter, wenn sie nicht den ganzen Menschen in seiner Komplexität und damit auch die Frage nach dem Wozu dieses Menschseins in den Blick nimmt und darauf eine Antwort gibt. Was ist der Sinn meines Lebens?

Wozu gehe ich, gehen wir einige Jahrzehnte über diese Erde und verschwinden dann im Vergessen der Geschichte? Aber welche Handlungsmaximen und Werte sind es dann? Gerade aus der Antwort auf die Sinn- und Zielfrage unseres Lebens erwächst ein innerer Wertekatalog mit entsprechenden Handlungsmaximen.

Wenn Gott die Frage und die Sehnsucht nach Sinn in den Menschen gelegt hat, dann doch wohl auch eine Antwort. Die Sehnsucht und das Drängen nach einer Sinnfindung führen zu einer Suche. Sie zeigt aber auch das Fehlen von etwas oder das Sehnen nach etwas, das ganz wesentlich zu unserem Menschsein gehört. Es zeigt einen Mangel, einen Missstand, ein Defizit, einen Hunger in der menschlichen Seele an. Durch die Sinnsuche kommt der Mensch in Bewegung, in Gang. Nun hat er die Möglichkeit, im Außen zu suchen oder aber im eigenen Innen. Oft hängen diese beiden Dimensionen eng zusammen und erfordern in beiden Bereichen eine Klärung.

Nehmen wir nun einmal an, der Mensch geht in sich, und damit kommen wir zur Kontemplation und dem Sinn des Übens. Gehe ich nach innen, so begegne ich zunächst mir selbst mit einem Wust von Gedanken, Gefühlen, inneren Impulsen, widerstreitenden Stimmen, Regungen. Diese in ihren Zusammenhängen zu verstehen, braucht Zeit. Nach und nach erkenne ich, dass hinter den Gedanken vielleicht Gefühle stehen und dass diese Gefühle mit biografischen Ereignissen, Mustern, Prägungen zusammenhängen. Ich lerne, mit diesen Gefühlen umzugehen und sie zu bewältigen beziehungsweise sie zu gestalten. Ich entdecke aber auch, dass ich bestimmte Lebensimpulse bis jetzt nicht gelebt, unterdrückt oder ausgeblendet habe. Mehr und mehr begegne ich also immer tiefer liegenden Lebensimpulsen und -potenzialen, die sich entfalten wollen. Aus der Selbstbegegnung entwickelt sich Selbsterkenntnis und daraus erwächst in einem längeren Prozess die Selbstannahme, die Selbstliebe, die Selbstakzeptanz.

Wenn ich mich nun in der Kontemplation rückhaltlos öffne und all die oberschichtigen Gedanken, Gefühle, Probleme, eigenen

Untiefen und auch Abgründe hinter mir lasse, so kann es geschehen, dass ich in eine innere Tiefe gleite, in der ich eins werde mit mir, mit meinem Umfeld, mit Gott. Dabei kann die Subjekt-Objekt-Schranke des Tages- und Wachbewusstseins durchschritten werden, was mystische Erfahrung kennzeichnet. Dies ist ein Zustand tiefen Schweigens aller Wünsche, Sorgen, Vorstellungen und Erinnerungen. Dort erfahre ich zutiefst Sinn, indem ich erkenne, Teil eines viel Größeren, Umfassenderen zu sein. Paulus spricht davon, dass nicht mehr er lebt, sondern Christus in ihm lebt. In der frühen Kirche entwickelte sich daraus das Bild des Christus Pantokratoros – Christus, der Allbeherrscher.

Aber auch wenn ich nicht zu solch tiefer mystischer Erfahrung gelange, spüre ich vielleicht irgendwann ein zutiefst spirituelles Berührt- und Gemeintsein. Von innen her erschließt sich mir mein eigentliches, ursprüngliches, lauteres Sein, das mich aufrichtet, auch körperlich aufrichtet.

Nun wird von innen her Sinn, die Erkenntnis evident: Ja, so ist es! So ist es gut! Im Eigentlich-Sein ist Sinnhaftigkeit erfahrbar, erlebbar, gegeben. Es fehlt nichts. Der Sinnhunger ist verschwunden. Und man stellt eventuell fest: Ich brauche gar nicht so viele äußere Dinge, wie ich bisher geglaubt habe. Es ist gut, dass ich sie zum Leben habe und nutzen kann, aber eigentlich sollten andere Werte mein Leben bestimmen, prägen und gestalten: Achtsamkeit, Bewusstheit, Ehrfurcht, Dankbarkeit, Liebe, das Genießen der kleinen Dinge und des inneren Glücks.

Wir Menschen sind nicht nur rationale, denkende Wesen, sondern auch sehr sinnbetonte Wesen. Es ist uns aufgegeben, während unserer Lebensspanne diese Eindrücke möglichst intensiv in unserer Seele aufzunehmen. Bisweilen taucht in der Literatur die Vorstellung auf, dass die Seele nicht im Körper, sondern der Körper in der Seele ist. Die Seele ist dann das Größere, Umfassendere und sie hat den Körper, um damit bestimmte Erfahrungen zu machen (John O'Donohue, Anam Cara). Mit welcher Intensität und welchen Nuancen kann das Auge Farben in der

Natur, in der bildenden Kunst und so weiter erleben! Welche Klänge können unsere Ohren aufnehmen und unsere Seele tief bewegen (Musik)! Welche Düfte die Nase betören, welche wunderbaren Speisen unser Herz erfreuen! Welche Schönheit kann uns im Gesicht eines Menschen begegnen! Gerade das Gesicht, die Augen, wie auch überhaupt der ganze Körper ist ein Spiegel der Seele. Welcher Reichtum an Gefühlen kann die Seele des Menschen erfüllen und schlägt sich im Körper nieder (*embodiment*)! Denn vermutlich kennen wir alle Menschen, die aufgrund einer optimistischen Lebensgrundeinstellung eine positive Ausstrahlung haben, während andere aufgrund von vielen leidvollen und negativen Lebenserfahrungen auch in ihrem Körper gebückt und bedrückt durchs Leben gehen.

Während meines letzten Urlaubs im Steigerwald habe ich viele Wanderungen unternommen. Eine Übung war für mich, mir am Abend zu überlegen, an welche Augenblicke, welche Bäume, Landschaftseindrücke, Situationen ich mich noch ganz genau erinnern kann. Wo war ich wirklich offen für das, was sich meinen Augen, meinen Sinnen zeigte? Oft waren es nur wenige Eindrücke, die ich noch sehr genau erinnern konnte. Daran zeigte sich aber auch, wie gedankenversunken, unachtsam, zerstreut ich meine Wanderungen (traumwandlerisch) gestaltete. Hier liegt ein unermessliches Potenzial an Lebensintensivierung, der Sinnenverfeinerung, der Pflege von Offenheit für Sinneseindrücke. Je mehr uns diese Intensivierung gelingt, umso reicher sind die Eindrücke, die unsere Seele aus diesem Leben mitnimmt. Daraus entstehen eine große Dankbarkeit und ein Wissen um die Kostbarkeit jedes Augenblicks, denn dieses Leben ist begrenzt. »Achte gut auf diesen Tag«, sagt uns Rumi, »denn er ist das Leben allen Lebens.« In der Natur ist alles Leben darauf angelegt zu wachsen, zu blühen, zu reifen und schließlich Frucht zu bringen. Das Leben als ein zur Reifung hin ablaufender Prozess – das gilt für den physischen Bereich, aber auch für den seelischen. Was hilft zu meiner seelischen Reifung, Vollendung?

Wer diese Erfahrung von tiefem spirituellem Berührtsein gemacht hat, sowie in der Intensität der Sinnenwelt lebt, für den besteht nun die Aufgabe, diese Qualität, diese Erfahrung zu erhalten und im Alltag mehr und mehr Gestalt werden zu lassen. Oft fällt man immer wieder aus dieser Seelen-Körper-Empfindung heraus. Sie ist flüchtig. Aber man erkennt auch, was dieser Qualität dient, sie fördert und was vernebelt, verschattet, verhindert. Für Karlfried Graf Dürckheim ergibt sich aus solchen Erfahrungen eine Aufgabe. Er sagt: »Mach dich auf den Weg der Verwandlung zu einem Menschen, der in der Lage ist, in der Welt von dem zu zeugen, was du jetzt gerade als Überweltliches erfahren hast!«[4]

Dürckheim nennt das, was daraus entsteht, ein »neues Gewissen«, und es sendet ganz andere Impulse aus als ein Moral- und Ethikgewissen, das seine Richtlinien und Werte von außen übernommen hat. Auch hier gibt es eine neue Achtsamkeit auf die innere eigene Gewissensbildung und -entwicklung. Diesen Impulsen gegenüber gilt es, eine neue Sensibilität zu entwickeln und ihnen zu gehorchen. An diesem Punkt ist geistlicher Gehorsam anzusiedeln, nicht in einer äußeren Autorität. Die geistliche äußere Autorität hat mich immer zu dieser inneren Autorität zu führen – zu einer eigenen inneren Mündigkeit. Sie kann eine Hilfe sein, diesem inneren neuen, eigentlichen Gewissen auf die Spur zu kommen. Darum geht es in der Kontemplation: Sich an dieses innere, aus dem tieferen Kontakt mit dem Wesen des Menschen, das im Transzendenten gründet, erwachsende Gewissen anzuschließen, sich für diese Lebensimpulse zu sensibilisieren und dieses sinnstiftende Leben in der Welt sichtbar werden zu lassen.

Gebet und Arbeit

Im Lukasevangelium wird die Geschichte von Maria und Martha erzählt: Jesus ist Gast im Haus von Martha, und während sie sich um die Gäste kümmert und um das Haus, sitzt ihre Schwester Maria zu Füßen Jesu und hört ihm zu. Als Martha Jesus fragt: »Herr, macht es dir nichts, dass meine Schwester die Bedienung mir allein überlässt? Sag ihr doch, dass sie mir helfen soll«, antwortet dieser: »Martha, Martha, du sorgst und beunruhigst dich um viele Dinge. Doch weniges ist notwendig, nur eines. Maria hat den guten Teil erwählt, der wird ihr nicht genommen werden« (Lk 10,38–42).

Traditionell wurde dieser Evangelienabschnitt im Hinblick auf das Verhältnis von Gebet und Arbeit, von Kontemplation und Aktion oder, wie es die Gemeinschaft von Taizé formuliert, von Kampf und Kontemplation ausgelegt. Die Rollen sind klar verteilt: Maria steht für das Gebet, für die Kontemplation, für das geistliche Leben; Martha steht für die Arbeit, für das Tun, für das Engagement in der Welt. Nach diesem Evangelientext hat Maria eindeutig das bessere Los erwählt und es sollte ihr deshalb nicht genommen werden. Diese Schlussfolgerung hat Missverständnisse hervorgerufen. Und mancher in der Welt Lebende beneidet die Mönche und Nonnen, weil sie angeblich den besseren Teil erwählt haben. Aber bereits in den Apophthegmata gibt es eine Geschichte vom Altvater Silvanos, der beim Berge Sinai einer Mönchsgemeinde vorstand:

Ein Bruder besuchte ihn und sah die Mönche bei der Arbeit. Er sagte zu Abbas Silvanos: »Arbeitet doch nicht um die vergängliche Nahrung (Joh. 6,27). Maria hat den guten Teil erwählt« (Lk 10,42). Daraufhin weist der Wüstenvater seine Schüler an, den Bruder mit einem Buch in einer Zelle einzusperren. Der Bruder liest, aber als es Zeit zum Essen ist, holt ihn niemand ab, um ihn an den Tisch zu bitten. Da fragte er Abbas Silvanos, ob die Mönche denn heute nichts essen würden. Abbas Silvanos antwortete: »Doch!« Der Bruder fragt weiter, warum ihm niemand Bescheid gegeben habe. Die Antwort von Abbas Silvanos: »Nachdem du ein geistiger Mensch bist, brauchst du diese Nahrung nicht. Wir fleischliche Menschen jedoch müssen essen, und darum arbeiten wir. Du aber hast den guten Teil erwählt, indem du den ganzen Tag liest und keine fleischliche Speise essen willst.« Der Bruder verstand, fiel auf die Knie und bat ihn um Verzeihung. Abbas

Silvanos gab ihm noch mit auf den Weg: »Durchaus braucht Maria die Martha, denn wegen der Martha wird auch die Maria gerühmt.«[5]

Wie so oft in den alten Geschichten der Wüstenväter und -mütter wird etwas im konkreten Vollzug verdeutlicht. Es wird keine lange Theorie und Begründung ausgebreitet, sondern das Gesagte einfach in die Tat umgesetzt. Der junge Bruder war schnell »geheilt«: Noch am Abend desselben Tages spürte er den Hunger und erkannte die Notwendigkeit der weltlichen Arbeit.

Im Evangeliumstext über Maria und Martha geht es ganz grundsätzlich um die beiden Seiten der einen Nachfolge Jesu Christi, um die beiden Seiten eines geistlichen Lebensvollzuges: dem Innen und Außen spiritueller Praxis.

Es braucht die innere Hinwendung zum Geheimnis der Gegenwart Gottes, das Hören auf die Stille, das Lauschen auf das Wehen des Geistes, das Sich-Ausrichten auf das Wesentliche, das Sich-Mühen um die spirituelle Dimension des Lebens. Es braucht das Gebet, die Kontemplation, das Sitzen in der Stille, die geistliche Übung. Aber es braucht dann auch die Umsetzung dieser geistlichen Dimension des Lebens in den konkreten Alltag, in das Engagement für die Welt und die Mitmenschen, im einfachen Brotverdienen. Dort muss mein Gebet, meine Kontemplation Frucht tragen. Maria und Martha sind die beiden Seiten der einen Münze des geistlichen Weges.

Das Problem, das die meisten Menschen haben, ist, dass diese beiden Aspekte des geistlichen Lebens nicht in einem fruchtbaren Gleichgewicht stehen, dass keine wirkliche Durchdringung des Alltags durch die Spiritualität glückt, dass unser Tun und Machen, Rennen und Schaffen nicht nur als geistlos empfunden wird, sondern über weite Teile auch ist, weil Kontemplation, Gebet, spirituelle Suche und Tun, Engagement, Arbeit nicht zusammenkommen, aufeinander bezogen und voneinander durchdrungen sind. Deshalb stellt Meister Eckhart das vordergründige

Verständnis dieses Textes in einer Predigt einfach auf den Kopf. Er sagt, dass Martha die Fortgeschrittenere ist, denn sie ist bereits zur Tat, zum Alltag gelangt. Sie hat das Hören bereits hinter sich. Maria aber muss erst noch hinhören, damit sie erkennt, was ihr Weg ist, und so zum rechten Tun finden. Jesu Belehrung ist in dieser Situation für Maria wichtiger, damit sie zum nächsten Schritt findet, und deshalb hat sie den richtigen und guten Teil erwählt, der ihr nicht genommen werden soll. Ziel aber bleibt die Haltung der Martha, die aus ihrem Hören bereits die Tat folgen lässt. Wir dürfen also Maria und Martha nicht gegeneinander ausspielen, sie gehören zusammen, sind eben die beiden Seiten der einen Münze eines geistlichen Weges, sind zwei Aspekte unserer Seele. Benediktinisch gesprochen ist es das *»ora et labora«*, »bete und arbeite«. Beides braucht es in einem gesunden, sich gegenseitig befruchtenden Ineinander.

Übung und Kontemplation

Ignatius von Loyola nennt sein Exerzitienbuch *»Exercitia spiritualia«*, »Geistliche Übungen«. Auch ich spreche oft vom Üben der Kontemplation, von der Übung oder vom In-die-Übung-Gehen. Üben ist eine Grundtätigkeit des Menschen. Er kommt mit nur sehr wenigen Grundfähigkeiten zur Welt. Viele Fertigkeiten, die für das Leben wichtig sind, muss er durch Übung erlernen: das Gehen, das Sprechen, das Lesen und Schreiben, Schwimmen, Fahrradfahren, Essen mit Messer und Gabel und so weiter. Lernen bedeutet geduldiges Wiederholen, Üben, bis man eine Fertigkeit beherrscht. »Früh übt sich, wer ein Meister werden will«, weiß das Sprichwort. Aber aus unserer Schulzeit kennen wir auch das Üben als lästiges Übel, weil es wenig Abwechslung bringt, bedeutet, dass wir immer wieder dasselbe tun müssen, sich oft nur sehr langsam ein Fortschritt einstellt und das Tun als unkreativ empfunden wird. So entledigen sich viele des langweiligen Übens spätestens mit dem Abschluss der beruflichen Ausbildung, obwohl es für wirkliche Meisterschaft unerlässlich bleibt.

Üben hat in unserem deutschen Sprachgebrauch aber nicht nur die Bedeutung von »wiederholen, einüben«, sondern auch die Bedeutung von »einen Beruf ausüben, praktizieren«, zum Beispiel: Kritik üben oder das Sprichwort: »Üb immer Treu und Redlichkeit«. Wir sprechen davon, dass etwas üblich oder eben unüblich ist, was so viel bedeutet wie: »Das tut man« beziehungsweise »Das tut man nicht«. Außerdem sprechen wir bei negativem Tun von verüben (zum Beispiel einen Mord verüben). Üben bedeutet somit auch, etwas einfach zu tun, zu praktizieren.

Übung im Sinn von Wiederholung ist notwendig beim Erlernen von körperlichen Fertigkeiten wie einem bestimmten Sport oder einer Übung wie dem Handstand, bei manuellen Techniken wie einem Handwerk und bei geistigen Fertigkeiten im Gegensatz zum Wissen. Wer etwas theoretisch weiß, kann das Wissen nicht unbedingt auch anwenden. Der über eine bestimmte Krankheit alles wissende Medizinstudent ist noch kein erfahrener Chirurg. Die Praxis, die langjährige Übung und Erfahrung macht ihn zum hochangesehenen Meister, Spezialisten, der seine Kunst beherrscht, zur Vollendung gebracht hat. Durch die Übung wird eine noch nicht beherrschte Fähigkeit so lange wiederholt, bis man sie zur Geläufigkeit gebracht hat, bis man sie kann. Das verlangt Disziplin, ein Sich-Mühen, eine gewisse Strenge gegen sich selbst, Askese im ursprünglichen Sinn. Wenn jemand aber durch die treue Übung zu einem Können gelangt, wird er ganz natürlich mit dem Gefühl der Freude, des Glücks, des Stolzes über den Erfolg beschenkt.

Viele Fertigkeiten gehen dem Menschen verloren, wenn sie nicht ständig praktiziert werden. Selbst das Gehen muss nach einer langen Krankheit, die einen ans Bett gebunden hat, wieder eingeübt werden. Oft ist das Neuerlernen dieser eingerosteten, vernachlässigten Fähigkeit relativ einfach und man hat die Fertigkeit schnell wiedererlangt, dennoch zeigt sich, dass die hohe Qualität eines Könnens nur durch ständige Praxis erhalten bleibt.

Aus unserer Schulzeit wissen wir vermutlich alle, dass das erfolgreiche Üben bestimmte Einstellungen zur Übung selbst verlangt. Im inneren Widerstand gegen etwas Einzuübendes, in der Verkrampfung einer zu großen Anstrengung, bei Hast und Eile, im Stress lässt sich nur schwer etwas erfolgreich einüben. So setzt Übung normalerweise Gelassenheit und die nötige Zeit voraus, eine gelöste Seelenverfassung, eine gesammelte Heiterkeit, Ausgeglichenheit – psychische Belastungen erschweren das Üben –, Entschiedenheit und Hingabe an das Übende selbst. Der Übende muss in der Übung aufgehen, zum Beispiel in der Kontemplation ganz Atem werden, nur noch Atem sein.

Durch diese Übungsqualitäten erlangt man nicht nur die zu erlernenden Fertigkeiten, sondern es bildet sich auch eine neue innere Verfassung heraus. Der Mensch wird achtsamer, wacher, entschiedener, bewusster, entschlossener, erlebt sich wahrnehmungsfähiger, hat das Empfinden, mehr am Wesentlichen zu sein. Somit bringt die Übung nicht nur die Frucht der erlernten Fertigkeit, ein Können, sondern auch die Wandlung der menschlichen Persönlichkeit mit sich. Ein Beispiel: Chaotisch veranlagte Schüler haben im Internat oft durch regelmäßiges Kunstturnen in der nachmittäglichen Freizeit Struktur, Ordnung und Haltung, Disziplin auch für andere Lebensbereiche gefunden.

Menschen, die keine Disziplin haben, keine klare Körperhaltung einnehmen können, tun sich oft auch schwer mit der kontemplativen Übung. Und umgekehrt: Wenn sich jemand trotzdem in der kontemplativen Übung müht, so verändert er sich auch im Alltag.

Die geistliche Übung der Kontemplation verändert also den Menschen. Lassen Sie mich einiges aufführen:

- Viele Menschen erleben durch das regelmäßige kontemplative Üben ihr Leben mit größerer Bewusstheit, Wachheit, Klarheit, Ruhe, Intensität.

- Weil sie im Sitzen in eine bestimmte Haltung gehen, bekommt auch ihr Leben mehr Haltung und sie erleben sich mehr als gehalten, eventuell auch mehr als von Gott gehalten und getragen. Sie sagen dann: Die Übung gibt mir Halt. Wenn ich die Übung vernachlässige, fehlt etwas. Dabei ist die Übung oft sehr brüchig, trocken, unzentriert, fahrig. Und trotzdem hat es diese positive Wirkung auf den Menschen.
- Wenn wir immer wieder versuchen, die Gedanken loszulassen, so wirkt das auch auf das Alltagsleben zurück. Wir können vieles leichter loslassen, entspannter ertragen, sind gelöster, entspannter. Gedanken verlieren ihre besetzende, destruktive Macht in unserem Alltag.
- Diese allgemeine Entspannung bringt auch eine größere Heiterkeit, Gelassenheit, Lebensfreude, Frohsinn ins Leben. Viele empfinden das Leben intensiver, bewusster, wacher.

So geht es in der Kontemplation also nicht nur um das Einüben einer bestimmten Fertigkeit, nämlich gedankenfrei präsent sein zu können, oder um das Erreichen eines bestimmten geistlichen Zieles, einer bestimmten geistlichen Erfahrung, sondern die Übung der Kontemplation zeitigt ganz nebenbei eine innere Wandlung des Menschen, bringt Einstellungen und Qualitäten in ihm zum Tragen, die wiederum die Voraussetzung für wirklich tiefere geistliche Prozesse und Erfahrungen sind.

Im Umfeld des Zenbuddhismus entwickelten sich viele »Künste« wie zum Beispiel die Kriegskünste Schwertkampf, Bogenschießen, Judo, Aikido, Taekwondo, die zwar ihre Bedeutung für das Alltagsleben weitgehend verloren haben, aber weiter geübt werden und in hohem Ansehen stehen, weil sie hervorragende Medien sind, um den Menschen im Spiegel dieser Künste zu verwandeln. Zu diesen Künsten gehören aber auch das Blumenstecken (Ikebana) oder die Tuschemalerei.

Ein Beispiel: Um mit dem Tuschepinsel einen vollkommenen Kreis malen zu können, muss ich nicht nur immer und immer wieder das Kreisziehen mit der freien Hand üben, ich muss auch zu einer inneren Entspannung, Lockerheit, Gelassenheit und Leichtigkeit finden, die nicht nur muskulär ist, sondern auch im Geist und in der Seele vorherrscht. Somit werden durch die Übung im ganzen Menschen, in Körper, Geist und Seele neue Qualitäten ausgebildet: Lockerheit, Gelassenheit, Entspanntheit, Wachheit, Geistesgegenwart. Weitere zu entwickelnde Qualitäten einer solchen Übungskunst sind die Loslösung von der Verkrampfung des egobezogenen eigenen Wollens und Nichtwollens, dem Fixiertsein auf Erfolg und Habenwollen.

So gehört es zu einer wichtigen Voraussetzung für den Erfolg in den Kampfkünsten, dass man den Gegner nicht besiegen will. Entsprechend heißt es vom Schwertkampf: »Wenn man im Angesicht des Gegners das Leben vergisst, den Tod vergisst, den Feind vergisst, sich selbst vergisst, wenn die Gedanken unbewegt sind und man frei ist von Regungen des Bewusstseins, wenn man spontan sich dem natürlichen Fluss seiner Empfindungen überlässt, dann ist man frei in jeder wechselnden Situation und in seinen Reaktionen unbehindert.«[6] Deshalb ist in den geistlichen Traditionen immer wieder auch die Rede davon, absichtslos, selbstlos, indifferent zu werden, und vom Sterben des Egos. Wo dies gelingt, erfahre ich in meinem Tun das Geschehen eines größeren Lebens, das wunderbare einfache Fließen des Lebensflusses. Oder noch einmal anders ausgedrückt: Ich bin Werkzeug von etwas viel Größerem, Ausdruck von etwas Größerem, Umfassenderem. Das Gleiche gilt in der Kontemplation: sich selbst vergessen, nichts mehr haben, erreichen wollen.

Es geht also um die Verwandlung der inneren Haltung eines Menschen durch die Übung, damit das tiefere Sein im Menschen zum Tragen kommen kann. Es geht in dieser Form von Übung nicht primär darum, dass man bestimmte Fertigkeiten und Techniken ausbildet und beherrscht, sondern dass das, was man zutiefst ist, jenseits von Ego, Machen und Wollen, zum Vorschein kommen kann. Es geht um das Sein, nicht um das Machen und Können.

So ist Übung wichtig über das Können hinaus, um zum Wesentlichen, Eigentlichen, zum Sein zu kommen. Dabei kann alles zur Übung für das Wesentliche werden: jeder Schritt, jeder Handgriff, jeder Atemzug, den wir versuchen, in der Kontemplation bewusst geschehen zu lassen, den man versucht, ganz zu gewahren, ganz zu sein.

Nutzen wir diese Zeit des Kurses zum Üben, aber auch zuhause all unser Tun. Das verändert und befreit uns zu einem intensiveren und erfüllten Leben.

Ehrfurcht

Eine Grundhaltung, ein Grundgefühl des kontemplativ geprägten Menschen ist die Ehrfurcht. Der buddhistische Lehrer Anagarika Govinda beschreibt in einem seiner Bücher eine Beobachtung, die er im Rahmen seiner religionswissenschaftlichen Forschungen in Tibet gemacht hat. Er sagt, dass die Tibeter im Schauen der Landschaften ein Geheimnis (Mysterium) erahnen und dass die ganz natürliche seelische Reaktion dieser Menschen das Empfinden von Ehrfurcht und Dankbarkeit ist. Wir finden dieses Phänomen bei vielen Naturvölkern, denen die Natur als etwas Heiliges gilt. Uns scheint das leider über weite Strecken unseres Lebens abhandengekommen zu sein.

Was sagt dieses eigenartige Wort, das aus den beiden Begriffen »Ehre« und »Furcht« zusammengesetzt ist? Einer Sache oder einem Menschen wird Ehre erwiesen, aber es geht damit Furcht einher. Oder noch einmal anders ausgedrückt: Die Ehre, die jemandem oder etwas erwiesen wird, zeichnet sich wesentlich durch Furcht aus. Es ist jedoch keine Furcht, wie wir sie kennen, wenn uns jemand oder etwas Angst macht, sodass wir in eine Haltung der Verteidigung, der Abwehr, der Flucht gehen, zum Beispiel, wenn ich sage, ich fürchte mich, bei Dunkelheit durch einen Wald zu gehen. Das lässt mich in eine innere Hab-Acht-Stellung gehen, meine Sinnesorgane werden hellwach auf der Hut sein, ob nicht irgendwo etwas Bedrohliches lauert und mir gefährlich werden könnte. Ich bin voller Anspannung und jederzeit bereit zur Flucht oder zum Kampf. In einer solchen Situation wird also ein archaisches Verhalten und Empfinden aus der Entwicklungsgeschichte der Menschheit wachgerufen.

Ehrfurcht aber kämpft nicht und wendet sich auch nicht zur Flucht. Etwas anderes ist damit angesprochen: Ehrfurcht hält Abstand, verbietet das zudringliche Allzu-nahe-Kommen, wahrt Distanz. Wir können auch von einer zurückhaltenden Scheu sprechen. So ist Ehrfurcht ein urreligiöses Gefühl. Es ist das Empfinden, das ganz automatisch in einem aufsteigt, wenn man dem Heiligen, dem Unnahbaren, dem Hohen und Göttlichen begegnet. Diese Begegnung mit dem Heiligen ist eine Erfahrung ganz eigener Art. Sie hat nichts mit ethischem Perfektionismus zu tun, wie wir etwa von Heiligen, die in der katholischen Kirche oder auch anderen Religionen verehrt werden, sprechen.

Diese Begegnung mit dem Heiligen hat immer zwei Aspekte: Zum einen löst es eine große Anziehung und Faszination aus; zum anderen aber auch ein Erschrecken, ein Zurückweichen, ein *Tremendum*, eine heilige Scheu. Es gibt vier Bereiche, in denen dieses Heilige als numinose Erfahrung auftritt:

- angesichts der Größe der Natur, zum Beispiel beim Anblick hoher Berge, des weiten Meers, unberührter Landschaften;
- im Erleben von Kunst: bestimmte Musikstücke können mir einen heiligen Schauer über die Haut jagen; auch der gregorianische Choral wird von manchen Menschen auf diese Weise erlebt;
- im Kult: Religion hat immer auch mit dieser Erfahrung gearbeitet und sie in kultischen Handlungen erleben lassen;

- im Eros: manche Menschen können einen seelisch so ansprechen, dass ein heiliger Schauer durch einen hindurchgeht. Ihre Gestalt, ihr Aussehen, ihre Schönheit können einen tief berühren, aber auch in Ehrfurcht erstarren lassen.

Je mehr sich nun in der Entwicklungsgeschichte der Menschheit das rationale Verständnis der innerweltlichen Phänomene ausgebildet hat und die Dinge etwa in den Naturwissenschaften erklärt wurden, desto mehr trat dieses urreligiöse Empfinden bei vielem in den Hintergrund. Gleichzeitig wurde die Natur in ihrem rationalen Verständnis auch technisch beherrschbar und nutzbar. Das sind die Errungenschaften menschlichen Forschens und Arbeitens. Dennoch kennen wir nach wie vor in unserem seelischen Empfinden die Ehrfurcht in der Begegnung mit Großem, Wertvollem, Bedeutendem, sittlich Hochstehendem. Es zeichnet einen kulturell gebildeten und hochstehenden Menschen aus, dass er Respekt, Ehrfurcht, Zurückhaltung, Achtung kennt in der Begegnung mit Hohem oder Großem, aber auch gegenüber jeder Form von Leben. Die Anerkennung des Heiligen in den verschiedensten Bezügen bedeutet das Zulassen von Gefühlen wie Ehrfurcht, Staunen und Bewunderung für die Schönheit und den Formenreichtum, über die Komplexität der Regelmechanismen von Leben. Dies kann dann auch zu mehr Fürsorge und achtsamem Respekt vor der Schöpfung und deren Erhalt führen. Romano Guardini sagt einmal: »In der Ehrfurcht verzichtet der Mensch auf das, was er sonst gern tut, nämlich in Besitz zu nehmen und für die eigenen Zwecke zu gebrauchen. Stattdessen tritt er zurück, hält Abstand. Dadurch entsteht ein geistiger Raum, in welchem das, was Ehrfurcht verdient, sich erheben, frei dastehen und leuchten kann.«[7] Ehrfurcht zeichnet sich also durch Abstandhalten, durch Zurücktreten, durch Seinlassen aus. In dem dadurch entstandenen Raum kann sich ein Mensch in seiner ganzen Würde, ein Gegenstand in seiner ganzen Schönheit oder Bedeutung, die Natur in ihrer geheimnisvollen Größe und ihrem Glanz zeigen. Es ist das, was Rilke in einem seiner Gedichte verdeutlicht:

Ich fürchte mich so vor der Menschen Wort.
Sie sprechen alles so deutlich aus:
Und dieses heißt Hund, und jenes heißt Haus,
und hier ist Beginn, und das Ende ist dort.

Mich bangt auch ihr Sinn, ihr Spiel mit dem Spott,
sie wissen alles, was wird und war;
kein Berg ist ihnen mehr wunderbar;
ihr Garten und Gut grenzt grade an Gott.

Ich will immer warnen und wehren: Bleibt fern.
Die Dinge singen hör ich so gern.
Ihr rührt sie an: sie sind starr und stumm.
Ihr bringt mir all die Dinge um.

In dieser Distanz, diesem »Fern bleiben«, wie es Rilke nennt, bekommen die Dinge und Menschen, die Ehrfurcht verdienen und damit einen hohen Wert darstellen, einen bedeutungsvollen geistigen Raum, in dem sie sich erheben, leuchten und strahlen können. Wir spüren es dort, wo wir Schönheit empfinden, wo etwas sehr Zartes uns begegnet, wo wir Menschen treffen, die Würde, innere Größe verkörpern. Es geht also darum, mein Gegenüber nicht in Besitz zu nehmen, zu verzwecken, zu missbrauchen, sondern ihn in seiner Würde, seiner Einmaligkeit, seinem Menschsein zu achten.

Wenn wir nun in die Natur gehen, so erleben wir in dieser Haltung der Ehrfurcht und Achtung, dass auf ihr ein Zauber liegt, der uns das dahinterliegende Geheimnis erahnen lässt. In der anfangs genannten Beobachtung von Anagarika Govinda kommt dies zur Sprache. Das, was da wahrgenommen, erahnt wird, lässt sich nicht mit naturwissenschaftlichen Methoden ergründen. Es ist seelisches Empfinden. Hier sind auch die Übergänge zur Naturmystik zu finden: Gottes Gegenwart wird in den verschiedenen Erscheinungsformen der Natur erlebt. Im Alltäglichen zeigt sich diese Ehrfurcht in einer etwas abgeschwächten Form: in der Achtung, die ich vor jedem Menschen habe, gerade weil er ein Mensch ist. Dabei muss er keine besondere Begabung, keine großartige Leistung, keine sittliche Vorbildlichkeit vorweisen.

Die Kontemplation ist ein Raum, in dem ich diese Ehrfurcht üben kann, indem ich allen Dingen und Personen mit Respekt begegne, Achtung habe vor dem Essen. Denn hier hat sich etwas Lebendiges gegeben, damit ich leben kann. Deshalb verneige ich mich davor. In der Begegnung mit der Schönheit der Natur kann ich diese Ehrfurcht üben. Ehrfürchtig zu sein ist eine Spiritualität der Sinne, der Augen, der Schönheit. Während meiner Zen-Schulung bin ich einmal auf den Unterschied zwischen östlicher und westlicher Begegnung mit der Natur aufmerksam geworden. Es hieß da in einem Text, dass der Japaner, der der Zentradition nahesteht, eine Blume im Frühling bestaunt und sich an ihrer Schönheit erfreut. Sie ist ihm ein Verweis auf die in allem anwesende Buddhanatur. Auch der westliche Mensch sieht diese Blume und empfindet sie als schön. Aber wie leicht greift er dann nach ihr, pflückt sie und nimmt sie mit nach Hause. Damit tut er ihr Gewalt an und tötet sie letztlich, wie Rilke das in seinem Gedicht formuliert: »Ihr rührt sie an: sie sind starr und stumm. Ihr bringt mir all die Dinge um«. Vielleicht wird an diesem kleinen Beispiel deutlich, was Ehrfurcht, Respekt, Achtung im ganz Alltäglichen meint.

Zum Schluss noch ein Hinweis auf einen ähnlich zu verstehenden Begriff, der oft nicht richtig verstanden wird: Die Gottesfurcht. *Initium sapientiae timor domini* – Der Anfang der Weisheit ist die Gottesfurcht, sagt der Psalmist. Auch hier geht es um Ehrfurcht vor dem Großen, Erhabenen, dem göttlichen Geheimnis. Mit Gottesfurcht nahte sich Moses dem brennenden Dornbusch. Gottesfurcht ist eine spezielle Form der Ehrfurcht, die nichts mit Angst zu tun hat.

Abschalten

Viele Menschen stehen heute scheinbar in einem inneren Dilemma. Auf der einen Seite müssen wir im Beruf immer konzentrierter und effizienter arbeiten, immer mehr Informationen aufnehmen, kommunizieren und verarbeiten. Wir leben online, sind durch Handy, Computer und andere Geräte, die uns mit der Welt verbinden, ständig gefordert. Wir werden in einen fast wahnhaften Aktionismus getrieben, den wir als Hektik und Stress beklagen und der uns hochtourig leben lässt – den wir aber auch teilweise über unsere Arbeitspflicht hinaus selbst weiter befeuern. Dieses ständige Aufnehmen von neuen Eindrücken, Reizen, Informationen lässt uns aber auch weniger konzentriert sein, weniger effektiv arbeiten und weniger kreative Lösungen finden.

Haben wir dann frei, können wir uns nicht der Muße hingeben, können wir den inneren Schalter nicht einfach umlegen, sondern fühlen uns immer noch getrieben und unruhig. Wir müssen dann fast zwanghaft weiter irgendwelchen Dingen nachrennen, die es eigentlich nicht bräuchte. Zudem ist es schwierig, aus dem Kopf, den Gedanken auszusteigen. Wie die Wellen auf einem sturmgepeitschten See brauchen wir Zeit, um geistig und körperlich zur Ruhe zu kommen, wirklich abschalten zu können.

Das ist die Situation, in der sich viele Kursteilnehmer zu Beginn eines Kontemplationsseminars befinden. Sie brauchen ein bis zwei Tage, um aus der Hektik, dem Getriebensein abzuschalten und in die Ruhe zu finden. Dabei ist es oft gar nicht so angenehm, in diese Ruhe zu kommen, zu sich zu kommen, bei sich anzukommen. Denn im Körper spüren wir noch die Unruhe und Hektik, im Kopf brandet nach wie vor die Gedankenflut, genährt aus den Eindrücken der letzten Tage und den vielen Informationen, die auf uns eingeströmt sind. Damit geht oft eine große Müdigkeit einher, die sich bleiern auf die Kursteilnehmer legt, sodass es schwierig ist, wach und bewusst zu meditieren.

Kontemplation zeichnet sich ja gerade dadurch aus, dass man ganz wach und bewusst ist, nicht dämmerig, halbbewusst oder gar unbewusst.

Was kann nun helfen, um abzuschalten und in die Ruhe zu finden? Zunächst ist wichtig, dass der Körper das bekommt, was er braucht. Daher ist *schlafen* wichtig. Die aufgestaute Müdigkeit sollte abgebaut werden, indem man sich wirklich genügend Schlaf gönnt. Dazu ist es eventuell sinnvoll, einen Mittagsschlaf dem ersehnten Spaziergang vorzuziehen. Dadurch kommt man in den Träumen wieder mit seiner Psyche, seiner Seele in Kontakt. Auch da leben viele Menschen abgeschnitten von der eigenen Tiefe auf einer mentalen Oberfläche. Im Schlaf wird man wieder zurückgebunden an seine Ganzheitlichkeit (Körper-Geist-Seele). Das Traumleben gehört zu den tieferen inneren Quellen, die uns Orientierung und Lebenshilfe sein können.

Eine weitere wichtige Hilfe für das Herunterfahren der Hochtourigkeit ist, absichtslos *in der Natur spazieren* zu gehen. Dort gibt es weniger Reize, die auf einen einströmen, weshalb das Verweilen in der Natur allermeist als beruhigend, erholend, regenerierend erlebt wird. Dabei ist wichtig, die Natur mehr auf sich wirken zu lassen, indem man bei einem Baum, einer Wiese, einer Landschaft, einem kleinen Detail wie einem Blatt, einer Blüte, einem Käfer, einem Stein stehen bleibt und diese nicht mental benennt, kommentiert oder analysiert, sondern sie einfach nur mit den Sinnen aufnimmt, sie schaut, riecht, spürt. Wir gehen dabei von der mentalen Schiene auf die wahrnehmende Schiene. Außerdem ist die Natur allermeist reizarmer als eine städtische Einkaufsstraße. Die Reizdichte wird so enorm reduziert. Das lässt uns herunterkommen und ruhig werden.

Eine wichtige Haltung, um abzuschalten, ist die *Absichtslosigkeit*: Man versucht, nichts erreichen zu wollen und stattdessen ins Sein zu kommen, zweckfrei da zu sein und einfach zu verweilen.

Eine vierte Idee, um herunterzukommen, ist, in die *Körperwahrnehmung* zu kommen, zum Beispiel durch Gebetsgebärden. Beten kann man mit Worten, indem man Gott seinen Dank, seine Bitten, seinen Lobpreis mündlich darbringt. Das ursprüngliche Beten als Kind, das Gebet in der Liturgie, aber auch unser ganz persönliches Beten ist allermeist ein Wortgebet. Beten kann man auch mit der Sprache des Körpers – eben mit einer Gebärde. Das erste Gebet des Menschen war vermutlich eine Gebärde, wie auch die Gebärdensprache älter ist als die Lautsprache. Die Gebärde stellt die Einheit von Körper, Geist und Seele des Menschen sichtbar dar.

Die Psychologie lehrt uns, dass spontane Gebärden nie lügen. Sie sind Spiegelbild unserer aktuellen Verfassung und dessen, was wir ganz spontan empfinden. Gebärden sagen oft mehr, als es tausend Worte tun können. Man denke nur an den Kniefall von Willy Brandt in Warschau. Welches Wort hätte so berührt, wäre so machtvoll gewesen wie diese Gebärde im Schweigen angesichts dessen, was dort geschehen ist. Für mich ist es aber auch immer wieder tief berührend, wenn Menschen sich insbesondere im asiatischen Kulturraum voreinander oder in einem Tempel verneigen.

Man kann aber auch ganz bewusst in eine bestimmte Gebetsgebärde gehen. Dabei ist wichtig, dass man diese Gebärde nicht macht, sondern dass man diese Gebärde ist, sie mit seinem ganzen Empfinden nachvollzieht, dass man sich in dieser Gebärde wahrnimmt. Sie wirkt dann auf die innere Gestimmtheit, hat klärende und heilende Auswirkungen auf die Beziehung zu Gott. Wenn einem die Sprache versagt, kann man mit einer einzigen Geste oder Gebärde mehr aussagen als mit vielen Worten.

In der katholischen Liturgie gibt es noch immer viele Gebärden. Leider sind sie oft dem Priester vorbehalten. Es ist wichtig, dass er sie in einem Durchwirktsein vom Geist Gottes vollzieht. Graf Dürckheim sagt einmal: »Nur selten sind heute die Gebärden des Zelebrierenden noch Ausdruck des ihn bewegenden göttlichen Geistes. Dort, wo die liturgische Gebärde sich vollendet, ist sie Ausdruck der göttlichen Gegenwart in unserem Leib.« Wenn die Worte und Bewegungen jedoch davon losgelöst sind, haben sie keine Wirkung mehr, so Dürckheim. »Ich weiß wohl, dass die Wirkung des Sakramentes nicht nur vom Verhalten des Priesters abhängig ist, aber seine rechte Weise, da zu sein, könnte helfen, den Gläubigen für das geheime Wirken zu öffnen.«[8]

Wir können nun lamentieren, dass es in der allgemeinen Liturgie nicht mehr das ist, was es sein könnte. Wir können aber auch beginnen, unsere Gebärden – stehen, gehen, sitzen, verneigen – so achtsam und von innen her stimmig zu vollziehen, dass sie uns Zugang zum Göttlichen werden, dass wir darüber berührt sind vom Transzendenten. Von daher ist es nicht egal, wie ich da bin, ob ich mich zu einem Vortrag irgendwie hinsetze oder gar hinlege.

Berührung mit dem Transzendenten bewirkt Aufrichtung, Haltung, ein Wahrnehmen seiner selbst, ein im Körper Wahrnehmen und Ausrichten. Achten Sie darauf, in eine gewisse Seinsfühlung zu kommen, wie es Dürckheim ausdrückt. Man kann es spüren und sehen, wie achtsam, wie bewusst, wie geordnet, wie gesammelt jemand seine Gebärden, seine Arbeitshandgriffe, seine Bewegungen vollzieht. Auch die Mahlzeiten können in einer solchen Stille und Achtsamkeit eingenommen werden, dass eine religiöse Atmosphäre entsteht.

Der Raum, das Geschehen atmet dann etwas Heiliges. Dabei hat dieses Heilige nichts Bigottes, nichts Frömmlerisches an sich, sondern es ist etwas ursprünglich Religiöses. Wenn diese Dinge in Seinsfühlung vollzogen werden, dann ist eine andere Kraft und Schwingung im Menschen, im Meditationsraum, im Esszimmer, im Haus überhaupt. Diese Seinsfühlung wirkt heilend, erfrischend, aufrichtend. Sie macht religiös in einem ursprünglichen Sinn. Wesentlicher Bestandteil dieser Seinsfühlung ist die Stille oder besser gesagt eine ganz bestimmte Qualität von Stille. Denn nicht jede Stille, jedes Schweigen ist Ausdruck von Seinsfühlung, ist Ausdruck von religiösem Berührtsein. »Die Stille ist die Nahrung der Frömmigkeit«, sagt ein altes lateinisches Sprichwort (*Silentium nutrimentum devotionis*). Wenn Sie in dieser Fühlung sind, verkosten Sie sie, nähren Sie damit Ihre Seele, bleiben Sie in der Ausrichtung und im Spüren.

Vor längerer Zeit erzählte mir eine Frau in einem Kurs, dass sie während des Urlaubs den bekannten Schriftsteller und geistlichen Meister Thich Nhat Hanh in seinem Zentrum in Südfrankreich besucht habe. Sie war tief berührt von der Stille, die von diesem Menschen ausging. Er sprach scheinbar wenig, aber seine Anwesenheit, sein bloßes Dasein überzeugte und wirkte. Diese Frau war nun voller Sehnsucht, so zu werden. Es war für mich zutiefst beglückend, um diese Stille, um diese Seinsqualität zu wissen, aber auch beschämend, in diesem Augenblick selbst nicht in dieser Qualität zu sein. Dieses Gespräch war für mich Ansporn, mich mehr um diese Stille zu mühen, sie zu pflegen, sie zu suchen.

Ich stehe manchmal einfach nur in meinem Zimmer im Kloster und schaue in diese Stille. Es ist ein einfaches Dasein in der Gegenwart Gottes. Es braucht dann kein Wort, kein Wortgebet. Dennoch bin ich religiös berührt, bin fromm in einem ganz ursprünglichen Sinn, diese Augenblicke sind heilig, gerade weil ich nichts tue, nichts denke – auch nichts Frommes. Die Stille ist wirklich die Nahrung der Frömmigkeit. Deshalb sind auch heilige Orte, dort, wo Gott, das Numinose gegenwärtig ist, in Schweigen gehüllt. In Kirchen ist man still.

Es geht darum, ins einfache Dasein, ins Sein zu kommen, alles Machen zu lassen. Graf Dürckheim spricht von der immanenten Transzendenz und meint damit, das Göttliche in der Qualität meines Daseins aufleuchten, durchscheinen zu lassen.

Was ist Kontemplation?

Die verschiedenen Ebenen der Kontemplation

1. Geistliche, spirituelle Ebene

Kontemplation ist primär Gebet, geistliche Praxis, bedeutet Beziehung aufzunehmen, mit dem göttlichen Geheimnis in Kontakt zu treten und sich von dort her gestalten, wandeln, formen, leiten, heilen zu lassen. Dazu ist es notwendig, dass ich ganz offen werde, mich berühren lasse und alles, was mich im Kontakt zu Gott hindert und stört, loslasse beziehungsweise bereinige. Jede Berührung von Gott her ist Gebet – aber nicht jedes Gebet bringt mich auch schon in eine wirkliche Berührung mit Gott.

Gebet ist die Seele von Religion. Es ist Religion im Vollzug. Dort, wo das Gebet stirbt, stirbt letztlich auch die Religion. Der reine Glaube an bestimmte Gottesvorstellungen, Glaubenssätze, das Für-wahr-Halten von religiösen Inhalten hält Religion auf Dauer nicht lebendig. Es braucht den vitalen seelischen Akt, in dem der Mensch mit dem göttlichen Geheimnis in Kontakt tritt.

Dieser Kontakt kann – wie auch bei zwischenmenschlichen Beziehungen – durch das Wort geschehen, indem ich mit Gott spreche, ihm meine Situation schildere, ihn bitte, ihn lobe, ihm danke und so weiter. Wir nennen dies auch Wortgebet. Beziehung kann aber auch nonverbal geschehen im Wahrnehmen von

Nähe, im Lieben, im Anschauen, im seelischen Kontakt mit dem anderen. Kontemplation will den Beziehungsraum des Wortes durchschreiten, um nur im Wahrnehmen von Gottes Gegenwart, Gottes Nähe und Liebe zu verweilen. Die tiefste Form der Beziehung ist nicht der Dialog, sondern die *Communio* (das Einswerden), und geschieht wortlos.

Wir sprechen bei bestimmten mystischen Erfahrungen auch von der Gottesschau. In der Vollendung nach unserem physischen Sterben werden wir Gott schauen. Dabei zeigen sich auf dem kontemplativen Weg verschiedene Stufen und Entwicklungsphasen.

Sind für viele Anfänger die gefühlhaften Empfindungen in der Kontemplation (Geborgenheit, das Spüren der Nähe Gottes und seiner Liebe) sehr nährend und ermutigend, bestätigen sie den Weg und stützen sie den Übenden, so können diese emotionalen Aspekte des Anfangs später in den Hintergrund treten und sogar als schmerzhaft abwesend erfahren werden. Dieser Verlust führt bei vielen zu einer ersten wichtigen Entwicklungskrise: die Nacht der Sinne, wie sie in der geistlichen Literatur auch genannt wird. Die Seele erlebt mit ihren Sinnen Leere, Dürre, Trockenheit, Dunkelheit. Gottes Gegenwart wird nicht mehr gespürt.

Eine wichtige Einsicht dieser Krise ist, dass es nicht primär um meine schönen und angenehmen Empfindungen, Gefühle, Tröstungen geht, die mir Gott schenken kann, sondern darum, diese Gefühle um der tieferen Hingabe an Gott willen loszulassen. Gott ist nicht das Gefühl, das ich habe oder das er in mir auslöst, sondern er ist Geheimnis (Mysterium) jenseits der emotionalen Empfindungen. Allermeist geht es in dieser geistlichen Entwicklungsphase um die Läuterung von Ichbezogenheit, indem mein Gebet unabhängig wird von diesen angenehmen Empfindungen. Es geht um Gott, nicht um mich. Es geht darum, dass ich die Zeit der Kontemplation Gott schenke, ganz gleich, was ich davon habe, was es mir bringt. Kontemplation ist kein geistliches Wellnessprogramm für religiöse Gefühle und Empfindungen.

Hier sehen wir, dass die Kontemplation nicht nur theoretisch, sondern ganz existenziell eine innere geistliche Entwicklung in Gang setzt, zu der viele gläubige Menschen allein durch das Beten mit Worten nicht kommen.

2. Methodische Ebene

Kontemplation bedeutet, ganz offen im inneren (nonverbalen) Kontakt mit dem göttlichen Geheimnis zu verweilen und alles, was diesen Kontakt stört oder verhindert, immer wieder stehen zu lassen, loszulassen, um sich neu in diesen Kontakt zu begeben.

Das ist leichter gesagt, als dass es gelingt. Normalerweise schlägt man sich als Anfänger in der Kontemplation mit unendlich vielen Gedanken an alles Mögliche herum und kann kaum ausgerichtet im Kontakt mit Gott bleiben. Ständig erfährt man sich in immer neuen Gedanken, Fantasien, Überlegungen, Erinnerungen als aus dem Beziehungsfluss mit Gott herausgefallen. Man erlebt, wie man um sich und seine Geschichten, seine Themen, Probleme, Pläne, Überlegungen kreist. Zudem geht es nicht darum, sich über Gott Gedanken zu machen, sondern in seiner Gegenwart bewusst und wahrnehmend zu verweilen, sich innerlich ihm hinzugeben.

Im Kontakt mit Gott zu sein bedeutet, in der Wahrnehmung der Gegenwart Gottes zu verweilen, sich ihm ganz offen hinzuhalten. Dazu ist es notwendig, unser Bewusstsein auf die Wahrnehmung zu fokussieren, zu zentrieren, zu sammeln. Kontemplation ist von daher zunächst einfach auch Bewusstseinsschulung, Bewusstseinstraining, Bewusstseinssammlung.

Das Bewusstsein ist eine Instanz, die hinter dem Denken, dem Wahrnehmen, dem Fühlen und der Intuition des Menschen liegt. Wir können den Fokus des Bewusstseins auf das Denken, das Wahrnehmen, das Fühlen und die Intuition lenken. Aber es gibt auch ein leeres Bewusstsein, das nicht denkt, fühlt, wahrnimmt, sondern reines waches Gewahrsein in einem zeitlosen Raum ist.

Bewusstsein wird auch mit einem Spiegel verglichen. Jeder Spiegel zeigt das, was vor ihn tritt. So können in unserem Bewusstsein Gefühle, Gedanken und Wahrnehmungen bewusstwerden. Es gibt aber auch den leeren Spiegel, das leere Bewusstsein. Dies nennt die mittelalterliche Schrift »Die Wolke des Nichtwissens«, die ein wichtiges Zeugnis darüber ist, wie im Mittelalter Kontemplation gelehrt wurde, die »Schau ins nackte Sein«.

Deshalb ist der erste methodische Schritt in der Kontemplation, unser Bewusstsein zu schulen, dass es auf einem Punkt »sitzen bleibt« und dort verweilt. Dieser Punkt ist das Wahrnehmen des frei fließenden Atems. Besonders der Brust- und Bauchraum steht im Mittelpunkt der Atemwahrnehmung. Für viele, die den kontemplativen Weg gehen, beginnt dort die erste Herausforderung. Der Atem soll nicht gesteuert werden. Es geht nur um das Wahrnehmen der frei fließenden Atembewegung. Mancher stellt fest, dass er den Atem ständig beeinflusst, dass er ihn vielleicht nur sehr schwer spüren kann, dass er nicht frei fließt, dass er ständig durch Gedanken aus dem Wahrnehmen herausfällt. Es beginnt ein mühsames und trockenes Üben: immer wieder das Tun und Steuern loslassen; die Wahrnehmung des Atmens sensibilisieren, sodass immer feinere und subtilere Nuancen des Atemgeschehens erspürt werden können; absichtslos werden; wirklich ruhig werden.

Außerdem wird am Beginn des kontemplativen Weges mit dem Wahrnehmen des Atems das innere Sprechen eines Gebetswortes verbunden. Dabei empfehle ich ein zweisilbiges Wort, das einen positiven (religiösen) Inhalt darstellt. Viele wählen Jesus, Christus, Abba, Amen, Liebe, Friede oder Shalom. Wir sprechen damit das gegenwärtige göttliche Geheimnis an, sprechen in die Gegenwart Gottes hinein. Neben der Achtsamkeit geht es im kontemplativen Gebet auch wesentlich um diese innere Ausrichtung auf Gottes Gegenwart. Somit kommt der Übende in eine innere Ausrichtung auf das göttliche Geheimnis. Das Wort hilft bei der Zentrierung und Sammlung.

Dabei passt sich das Wort dem frei fließenden Atem an und wird so lange gedehnt, wie der Atem fließt. Dies bewirkt bei sehr vielen Übenden, dass sie weniger durch Gedanken aus der Übung herausfallen beziehungsweise ausgerichteter auf das göttliche Geheimnis bleiben.

Entsteht im Atemfluss eine Pause, so hören wir mit großer Achtsamkeit in diese Stille hinein, verweilen ganz im gegenwärtigen Jetzt und dem, was sich darin zeigen will, ohne den Atem anzuhalten oder damit zu experimentieren.

Dieses mantrische Wiederholen eines Gebetswortes bringt aber auch eine weitere geistliche Frucht: Wenn ich diese Übung lange beibehalte, verbindet sich das gewählte Gebetswort mit meinem Atem und es beginnt selbständig mit dem frei fließenden Atem ohne willentliches »Schieben« in mir zu beten. Das lässt im Körper eine tröstliche, heilende, erfüllende geistliche Empfindung entstehen. Die Spiritualität kommt im Körper an. Der Körper wird zum Tempel des Heiligen Geistes. Deshalb wird in der kontemplativen Tradition geraten, man solle das Gebetswort, das man gewählt hat, nicht wechseln, sondern immer beibehalten, damit es sich mit dem Atem verbinden und diese Frucht reifen kann.

3. Psychologische Ebene

Durch die Schwierigkeiten, die während der kontemplativen Übung auftreten, komme ich in Berührung mit psychischen Themen. Hinter den besetzenden Gedanken stehen allermeist biografische Ereignisse und nicht aufgearbeitete Gefühle wie Verletzungen, Konflikte, Spannungen, nicht integrierte Charaktereigenschaften, Sehnsüchte, unerfüllte Wünsche, Ängste, psychische Verhaltensmuster. Ich begegne mir selbst mit meiner

Geschichte, meinem Gewordensein, meinen Ecken und Kanten, meinen Mustern. Daraus erwächst Selbsterkenntnis.

Um wirklich in tiefere Schichten der Kontemplation (tiefe innere Ruhe, Versenkung) vorstoßen zu können, muss ich mich diesen Themen stellen. Es kann sein, dass ich massiv mit psychischen Themen zu tun bekomme, die dann eventuell auch therapeutische Begleitung benötigen. Nur wenn ich mit mir selbst in Frieden komme, ausgesöhnt bin, mich so akzeptiere, wie ich bin und was mir widerfahren ist, kann ich innerlich zur Ruhe finden und in der eigenen inneren Tiefe bei Gott verweilen. Hier wirkt die kontemplative Übung normalerweise heilend auf die Seele und öffnend, aber auch ordnend.

Oft wird manches unbewusste psychische Verhaltensmuster erst nach und nach bewusst und kann dadurch verändert werden. Diese psychologischen Aspekte des Weges werden bisweilen als unangenehm, leidvoll, schmerzhaft erlebt, führen aber normalerweise zu einer größeren Freiheit, Gelassenheit, Offenheit und fördern eine gesamtmenschliche Reifung und Entwicklung.

Es geht in der Kontemplation nicht um Psychotherapie, aber wir können die psychische Komponente des Menschseins auf diesem spirituellen Weg nicht ausklammern. Dort, wo psychische Themen sich störend auf den Weg auswirken, müssen wir dies ernst nehmen. Störungen haben Vorrang. Erst, wenn diese bereinigt sind, kann der geistliche Weg in die eigene Tiefe fortgesetzt werden. Oft sind die Begleitgespräche dabei eine Hilfe.

So möchte ich Sie einladen, sich auf diesen Weg weiter einzulassen, gerade auch dann, wenn es in der Übung vielleicht »trocken« wird, wenn die erhofften Gefühle sich nicht einstellen, wenn sich Dinge zeigen, mit denen Sie eigentlich nichts zu tun haben wollen.

Was Kontemplation nicht ist

John O'Donohue, ein irischer Priester und Schriftsteller, schreibt in einem seiner Bücher Folgendes: »Wollen wir unser Gleichgewicht bewahren, müssen wir Inneres und Äußeres, Sichtbares und Unsichtbares, Bekanntes und Unbekanntes, Zeitliches und Ewiges, Altes und Neues zusammenhalten. Niemand kann uns diese Aufgabe abnehmen. Jeder Einzelne von uns ist die jeweils einzige Schwelle in eine Innenwelt.«[9]

Überall dort, wo der Mensch nicht in Balance seine verschiedenen Lebensimpulse seiner eigenen Polarität lebt, gerät er aus dem Lot. Es entsteht das Gefühl von Mangel, von Hunger, es plagt ihn die Sehnsucht nach Ganzheit, nach Heil. Diesen Hunger können wir in den verschiedensten Suchbewegungen der modernen Menschen beobachten. Gerade dort, wo sie einem sehr rationalistischen, stark naturwissenschaftlichen Weltbild folgen, bleiben oft bestimmte Aspekte der Seele unbefriedigt. Entsprechend groß ist dann bisweilen die Faszination des Irrationalen, vielleicht auch am Religiösen. Plötzlich kommen gleichsam die alten Geister durch die Hintertür wieder zum Vorschein.

Im Gegensatz zu früheren Zeiten zeichnet sich diese Suche nach Heil- und Ganzsein bei vielen säkular geprägten Menschen jedoch dadurch aus, dass sie abgekoppelt ist von den Traditionen einer institutionellen Religion. Religiosität und Spiritualität wird privatisiert, individualisiert, von den äußeren Strukturen einer verfassten Konfession und deren Praxis abgetrennt. Der Einzelne »bastelt« sich ein geistliches Leben aus den Bruchstücken dessen, was er an Religiosität aus seinem Umfeld und seiner Kultur (noch) kennt, aber auch aus dem, was ihn in anderen Religionen und Kulturen anspricht. Leicht entsteht in dieser bisweilen ziellosen geistlichen Improvisation eine synkretistische Mischung von verschiedensten Inhalten und Praktiken. Die Religionen sind gleichsam Steinbrüche, in denen man sich die Bausteine für sein eigenes geistliches Haus zusammenstellt. Und im Supermarkt der geistlichen Angebote gibt es viel Interessantes, Richtiges, Wichtiges und sehr Tiefes, aber auch Flaches, letztlich nicht Weiterführendes, Praktiken, die in einer Sackgasse enden.

Dies hat zur Folge, dass viele keine Tradition, keinen Maßstab haben, die ihnen zeigen, wie sie ihr spirituelles Leben handhaben sollen, welche Zielsetzungen es hat, was wichtig und was peripher ist. Jeder muss bei diesen Voraussetzungen auf seiner Suche selbst herausfinden, was für ihn richtig ist, was ihn voranbringt, was seinen Hunger letztlich wirklich stillt. Es gibt keine vorgeschriebene Landkarte mehr und auch keinen erfahrenen Bergführer. Somit kann dann alles zu einer spirituellen Praxis und Entwicklung beitragen; es gibt nichts, was nicht geistlich funktionalisiert werden könnte, und es gibt keine Hierarchie der Methoden.

In den Kontemplationskursen begegne ich nun sowohl Menschen, die noch klassisch religiös beziehungsweise konfessionell verortet sind, aber auch solchen, die sich letztlich in keiner christlichen Tradition mehr auskennen. Bei vielen wurde schon im Elternhaus keine religiöse Praxis mehr gelebt, man hat vielleicht noch die großen christlichen Feste irgendwie begangen, aber ein wirklich innerer geistlicher Zugang wurde nie gelegt. Entsprechend verschieden sind nun auch die Motive, aufgrund derer sich Menschen zu einem Kontemplationskurs anmelden.

Was sind Ihre Zielsetzungen, wenn Sie sich in die kontemplative Übung begeben? Warum machen Sie das? Hier einige Antworten, die ich häufig zu hören bekomme:

- Um ausgeglichener und gesundheitlich resistenter das Leben zu meistern. Es geht also um Resilienz oder Widerstandsfähigkeit.
- Um klarer und sicherer Entscheidungen treffen zu können, beruflich effizienter oder erfolgreicher zu sein.

- Um meine psychischen Themen, die mich belasten, endlich loszuwerden. Kontemplation fungiert hier als eine Art spirituelle Psychotherapie.
- Um Erleuchtung zu finden, mystische Erfahrungen, Gotteserfahrung zu machen.
- Um außergewöhnliche, paranormale Fähigkeiten zu entwickeln. Es geht dann um die Suche nach dem spirituell Besonderen.
- Um mich immer mehr Gottes Willen überlassen zu können, wie es im Vaterunser heißt: »Dein Wille geschehe«. Dann geht es um geistliches Wachstum.
- Weil mich die Kontemplation irgendwie nährt und ich nach einem solchen Kurs mit neuer Kraft und gestärkt in den Alltag zurückkehre. Die intensive Übung hat auf mich eine positive Wirkung und ich bin ausgeglichener.
- Weil ich in einen inneren Erkenntnisprozess einsteigen und mich einer Wandlung der Persönlichkeit stellen will.
- Weil ich endlich innerlich Ruhe finden möchte, ganz, heil, gesund sein will.
- Weil ich in meinem bisherigen Gebetsleben in eine Krise geraten bin und nun einen neuen Gebetsweg finden möchte.

Dies sind verschiedene Motive, denen ich in den Begleitgesprächen bisweilen begegne. Ich möchte nicht auf alles eingehen, aber zwei Grundelemente von Kontemplation sind mir hier wichtig.

Zunächst geht es nicht primär um psychische oder physische Resilienz, nicht um die Förderung besonderer Begabungen. Wenn sich all diese Dinge auf dem kontemplativen Weg einstellen, so ist es eine Nebenwirkung, aber nicht das Ziel des Übens. Es geht in der Kontemplation nicht um eine Verzweckung. Meister Eckhart spricht in diesem Zusammenhang vom »ohne warum« – Kontemplation hat keinen Nutzen.

Der zweite Kernpunkt in Bezug auf Kontemplation betrifft den Nutzen einer gewachsenen Tradition. Tradition bedeutet, sich die geistlichen Erfahrungen früherer Generationen zunutze zu machen.

Ich muss nicht alle Fehler selbst noch einmal machen, um festzustellen, was es nicht ist. Ich kann die Empfehlungen von Erfahrenen eines geistlichen Weges nutzen. Deshalb spielt in der katholischen Kirche die Tradition eine wichtige Rolle.

Nun wird mir mancher sagen: Ich brauche die Kirche nicht, ich kann auch glauben und beten ohne eine solche Institution. Das stimmt. Aber ich möchte dennoch etwas zu bedenken geben. Wie schon gesagt, begegne ich bisweilen Menschen, die keinen kirchlichen Hintergrund haben beziehungsweise ihn nie hatten. Sie werden oft von einer tiefen religiösen Sehnsucht umgetrieben und sind im esoterischen Supermarkt der religiösen und pseudoreligiösen Angebote unterwegs. Zentrales und Peripheres, Tiefes und Flachstes, Religiöses und Pseudoreligiöses aus den verschiedensten Traditionen werden vermischt und ständig ausgewechselt, ausprobiert, miteinander kombiniert, wieder fallengelassen, weil etwas Neues sich in den Blick drängt. Mystik ist dann die schamanische Schwitzhütte genauso wie die lila gestrichene Zimmerwand, das Gefühl von Ergriffensein beim Hören von gregorianischem Choral ebenso wie die Heilkraft eines Lapislazuli, die psychologische Methode des positiven Denkens gleichwertig den angeblichen Fähigkeiten einer Wahrsagerin, das Sehen der Aura eines Menschen ebenso wie die Marienerscheinungen von Lourdes, eine Erleuchtungserfahrung gleich einer Vision im Grenzbereich zur Psychose. Da gibt es das Channeln, die Hilferufe von armen Seelen, die Offenbarungen von Engeln, Meistern und Gurus. Ich könnte die Reihe der Phänomene beliebig erweitern und die kaum zu überbietende Vielfalt an Angeboten weiterführen.

Vor ein paar Jahren unterhielt ich mich mit einem Zenlehrer, der oft parallel zu meinen Kursen Sesshins anbot. Wir kamen auf ein Bildungshaus in freier Trägerschaft und deren Kursangebot zu sprechen. Er war dort eingeladen, Kurse auszuschreiben. Dabei machte er die Bemerkung, dass er der dortigen Leitung geraten hatte, nur geistliche Wege und Methoden anzubieten, die sich bereits tausend Jahre bewährt hatten. Wenn sich eine Methode so lange weitertradiert hat, dann ist es nicht nur eine modische Erscheinung, die gerade im Trend liegt, aber in zwanzig Jahren wieder verschwunden ist.

Hier hat die kirchliche Tradition eine lange Erfahrungsgeschichte. Sie weiß aus immer wieder gemachten Erfahrungen heraus, was wesentlich ist, was tiefer führt, was hilfreich ist, was Sackgassen sind, was zwar schöne Blümchen am Wegesrand sind, aber nicht das zentrale Ziel ist. Von daher hat für mich eine lange und alte Tradition auch Autorität.

Und noch etwas ist für mich entscheidend: Jede tiefe religiöse (mystische) Erfahrung hat das Problem, in eine adäquate Sprache gebracht zu werden. Jede wirklich tiefe Erfahrung wird sich in ganz subjektiven Bildern, Vergleichen, Paradoxen ins Wort bringen. Und dennoch ist nicht alles Absurde richtig. Es gibt ein Richtig und ein Falsch, Echtes und Unechtes, Wahrheit und Täuschung. Mystik, ein geistlicher Weg braucht auch eine intellektuelle, rationale Verantwortung. Und da bietet bei aller Begrenztheit eine klassische Theologie ein gewisses Spektrum an Werkzeugen an.

Kontemplation und Versenkung

Kontemplation wird als ein Versenkungsweg beschrieben. Was ist damit gemeint? Am Anfang übt der Kontemplierende, sich achtsam Gottes Gegenwart zu öffnen und hinzuhalten. Dazu ist es notwendig, ins Hier und Jetzt zu kommen und die Gedanken an Vergangenes oder Zukünftiges zu lassen. Ferner versucht er, sein Bewusstsein von außen nach innen zu lenken. In dieser ersten Übungsphase sind das Achten auf den Atem und das innere Hören auf das mit dem Atem gesprochene Wort wichtige Hilfen, um das Bewusstsein innen und im Hier und Jetzt zu zentrieren, wobei diese Zentrierung immer wieder durch Gedanken, Bilder, Erinnerungen, Überlegungen und so weiter gestört wird. Es kann Monate und Jahre dauern, bis man in dieser Zentrierung über längere Zeit verweilen kann. Wenn der Übende die Aktivitäten des Verstandes, des Gedächtnisses, aber auch seines Wollens zur Ruhe gebracht hat und ganz passiv geworden ist, dann steht er am Beginn des Versenkungsvorgangs.

Diese erste Phase der kontemplativen Übung vollzieht sich noch im sogenannten Tages- oder Wachbewusstsein. Dieses unterscheidet sich vom sogenannten Versenkungsbewusstsein und ist durch folgende Aspekte gekennzeichnet:

- Ich-Steuerung (Willensakte, zum Beispiel »Ich will jetzt ganz achtsam meinen Atem spüren; ich will mich jetzt ganz achtsam der Gegenwart Gottes hinhalten«). In der Literatur spricht man auch vom Ego, was jedoch nichts mit Egoismus zu tun hat. Am Beginn des kontemplativen Weges braucht es noch die bewussten Willensakte, indem man sich müht, immer wieder neu zu beginnen, indem man sich zwingt, die Zeit in der Gebetsübung zu bleiben, indem man sich willentlich auf die Übungsanweisungen einlässt.

- Offenheit für Reize aus der Wahrnehmungswelt (hören, sehen, riechen, schmecken, tasten). Wir verwenden die Zentrierung auf die Wahrnehmung als Methode, um den fortlaufenden Gedankenfluss zu beruhigen, insbesondere durch die Wahrnehmung des Atems und des inneren Hörens auf das Gebetswort.

- Zeitempfinden, zum Beispiel deutlich in der Frage: »Wie lange geht es eigentlich noch?«

- Subjekt-Objekt-Spaltung. Das wird deutlich in der Wahrnehmung: »Hier bin ich und um mich sind die vielen anderen Dinge und Personen, die nicht ich sind.« Alles steht in einer Beziehung zu diesem Ich. Auch Gott ist noch ein Gegenüber, ein »Objekt«.

In dieser Phase des kontemplativen Betens schieben sich oft Inhalte aus den unbewussten Schichten der Psyche nach oben. Überwältigende emotionale Ereignisse aus der Kindheit, die damals nicht verarbeitet werden konnten; ungeliebte Aspekte der eigenen Persönlichkeit, die man aus seinem Selbstbild geschickt ausblendet. Lebensimpulse des verdrängten eigenen Wesens stören die Kontemplation in Form von Gedanken, Fantasien, Emotionen, Schmerzen und so weiter. All diese Dinge müssen in einem langen Reinigungs- und Läuterungsprozess zur Ruhe gebracht sein, bevor wir in die Versenkung gleiten können.

In der kontemplativen Übung kann es dann geschehen, dass man ganz ruhig geworden ist, keine Gedanken stören mehr, man ist voll wach und achtsam, die Wahrnehmung von Atem und Wort treten mehr und mehr in den Hintergrund. Es entsteht ein einfaches, ruhiges Verweilen im Körper, im Raum in und um sich herum. Die Ich-Aktivitäten wurden losgelassen zugunsten eines einfachen Seins oder Verweilens im Hier und Jetzt. Man kann auch vom Ruhen in der Gegenwart Gottes sprechen, die aber nicht bewusst bedacht, gefühlt, erkannt oder geschaut ist. Damit beginnt der Versenkungsvorgang. Das ist auch gemeint, wenn Johannes Tauler sagt:

Wenn der Mensch in der Übung der inneren Einkehr steht,
hat das menschliche Ich für sich selbst nichts.
Das Ich hätte gerne etwas
und es wüsste gerne etwas
und es wollte gerne etwas.
Bis diese dreifache »Etwas« in ihm stirbt,
kommt es den Menschen gar sauer an.

Das geht nicht an einem Tag
und auch nicht in kurzer Zeit.
Man muss dabei aushalten,
dann wird es zuletzt leicht und lustvoll.

Hier wird die Zurücknahme aller Ich-Aktivität beschrieben. In der Literatur spricht man auch vom Sterben des sogenannten Egos, das mystischer Erfahrung normalerweise vorausgeht. Dieses Versenkungsgeschehen lässt sich beschreiben als:

- Abblendung der Wahrnehmungswelt im Außen;
- Fehlen von Willensakten (das Ego ist gestorben);
- Fehlen von aktiven geordneten Denkverläufen (aktive Denkvorgänge sind ich-gesteuert);
- Subjekt-Objekt-Spaltung ebnet sich mehr und mehr ein;
- tiefe leibliche Ruhe, die bis hin zu einer leeren, bewegungslosen Ruhe zunimmt;
- zunehmend gegenstandsloses Ich; das Ich-Erleben wird farbloser (Nichts, klare Leere, bewegungslose Ruhe);
- allgemeine Verlangsamung; Verlust von Zeitempfindung;
- zunehmende Vereinheitlichung und Entleerung.

Die Aspekte der Zurücknahme der Sinneswahrnehmung und eines anderen Zeitempfindens in der Versenkung beschreibt Heinrich Seuse, wenn er fordert:

Ziehe dich in Sammlung von den äußeren Sinnen ab,
wenn sie sich über die Mannigfaltigkeit
der äußeren Dinge hin zerstreut haben.
Gehe wieder nach innen, kehre immer wieder ein
in deine innere Einmütigkeit und erfreue dich an Gott.

Bleibe fest und gib dich nimmer zufrieden,
bis dass du erlangst in der Zeit
das gegenwärtige Nun der Ewigkeit,
soweit das menschlicher Schwachheit möglich ist.

In den Texten der Mystiker werden diese Dinge immer wieder beschrieben. Nur sind sie schwer verständlich, wenn man diesen Bewusstseinszustand der Versenkung selbst nicht kennt. Mancher versucht, diese Anweisungen mit seinem Willen umzusetzen. Doch zeichnet sich dieser Bewusstseinszustand gerade dadurch aus, dass die Willensaktivitäten zurückgenommen sind. Da beißt sich die Katze leicht in den Schwanz. Zu denken, dass man jetzt gerade nichts denkt, ist bereits wieder Denken; zu wollen, dass man nichts will, ist immer noch Wollen. Doch wie über den eigenen Schatten springen?

Manche werden auch gnadenhaft in die Versenkung hineingerissen, etwa wenn Cassian uns in seinen Unterredungen (19,4) berichtet: »Oft wurde ich in der Wüste ... durch das Gnadengeschenk des Herrn in eine solche Ekstase hineingerissen, dass ich nichts mehr wusste von der Last meines Körpers: mein Geist, von seinen äußeren Sinnen wie abgetrennt, war dann allen materiellen Dingen entrückt, sodass ich nichts mehr sah und hörte. Und so sehr war meine Seele von der Meditation des Göttlichen und von geistlicher Kontemplation erfüllt, dass ich oft am Abend nicht wusste, ob ich schon gegessen hatte.«[10] Auch in den Apophthegmata, den alten Erzählungen der Wüstenväter und -mütter, findet sich immer wieder die Beschreibung der Versenkung. Sie steht in engem Zusammenhang mit der *Hesychia*, der Herzensruhe, dem großen Ziel dieser Gottsucher. Herzensruhe wird auch in Zusammenhang gesehen mit der Reinheit des Herzens, die laut den Seligpreisungen im Neuen Testament mit der Gottesschau belohnt wird.

In der Versunkenheit fehlen also Strebungen, Erwartungen, Sorgen oder bestimmte Gefühle. Die Grundstimmung ist tiefe Ruhe. Jede Ich-Aktivität im Sinn von Willenshandlungen führt zurück in den Zustand des Tagesbewusstseins und zerstört die Versunkenheit.

Während des Versunkenheitszustandes können folgende psychosomatischen Phänomene auftreten:

- Wärmeempfindungen (Menschen, die schnell frieren, fühlen sich im Körper warm durchblutet);
- Schmerzunempfindlichkeit;
- »Winterschlaf«: körperliche Funktionen werden herabgesetzt, oft wird die Atmung kaum noch wahrgenommen;
- Leistungssteigerungen, überklare Wachheit, Wiedererinnern von Vergessenem, Verdrängtem;
- Beeinflussung von Krankheitsgeschehen

Wenn wir diese Charakterisierungen des Versenkungsgeschehens anschauen, wird deutlich, dass wir nur schwer in die eigene innere Tiefe vorstoßen. Wir gleichen oft einem Korken, der auf den Wellen der Wasseroberfläche hin und her geworfen wird und nicht in die ruhigen Tiefen des Meeres absinkt. Unsere Übungen sind sehr oft geprägt von Störungen in der Wahrnehmungswelt (Geräusche, Gerüche und so weiter), von einem angestrengten Wollen, von vielen Gedanken und Überlegungen. Häufig langweilen wir uns auch und fragen uns, wann endlich die Zeit vorbei ist. Wir haben Schmerzen, sind müde und gar nicht richtig anwesend, erleben uns voller Unruhe oder Widerstand. Es ist gar nicht so leicht, sich aus dem Tagesbewusstsein in das Versunkenheitsbewusstsein gleiten zu lassen.

Der Versenkungszustand zeichnet sich durch große Wachheit und Bewusstheit aus, man dämmert nicht irgendwie vor sich hin. In dieser Wachheit verweilt man absichtslos, ganz im Augenblick, dem ewigen Nun Gottes, unbewegt in Geist und Körper. Ich möchte Sie nun einladen, sich achtsam auf diesen Übungsweg einzulassen.

Gegenwart – pure Präsenz

Kontemplation hat drei Grundbewegungen. Dabei ist die erste, aus der Vergangenheit und der Zukunft ins Hier und Jetzt, in die Gegenwart zu kommen. Es geht nur darum, was jetzt ist, nicht, was war oder was eventuell sein wird. Wir sind oft in Gedanken, die Erinnerungen, oder in Überlegungen, die die Zukunft betreffen. Dies führt uns weg von der Wahrnehmung des Augenblicks, aber auch oft weg von uns selbst. Deshalb ist die zweite Bewegung, von außen nach innen zu gehen. In einer dritten Bewegung geht es darum, aus dem Denken in die Wahrnehmung zu kommen. Wahrnehmen kann ich immer nur das, was jetzt ist.

Für den Anfänger in der Kontemplation ist die Körperwahrnehmung in der Atembeobachtung ein erster wichtiger Schritt, diese Anweisungen umzusetzen. Das führt bei den meisten Menschen zu der Erfahrung von mehr Ruhe, einem Ruhen in sich, dem Gefühl, sich zu bewohnen und im Augenblick zu verweilen. Je mehr das Bewusstsein in der Wahrnehmung der Atembewegung im Bauch- und Brustraum gehalten werden kann, desto mehr öffnet es den Herzraum und lässt dort normalerweise Wärme, Liebe, Geborgenheit entstehen. Gerade in der ostkirchlichen Tradition des *Hesychasmus* wird dies als ein wichtiges Zeichen geistlicher Entwicklung beschrieben. Es eröffnet Innenräume, die vielleicht bisher nicht im Blick waren. Zu sich zu kommen und sich zu bewohnen wirkt auf Körper und Seele regenerierend, beruhigend, heilsam, erfrischend.

Nun können wir unser Bewusstsein und unsere Achtsamkeit auf die Gegenwärtigkeit selbst richten. Nicht irgendein Gegenstand, eine Körperempfindung wie zum Beispiel die Atembewegung, ein Gefühl oder etwas Ähnliches sind im Fokus unseres Bewusstseins, sondern die Gegenwärtigkeit, die Präsenz selbst wird in den Blick genommen. Wie bei einem Fernglas können wir nun eine schärfere Einstellung auf das Phänomen der Gegenwärtigkeit richten.

Es gilt, dieses Jetzt, dieses Präsentsein, dieses Gegenwärtigsein in seinem Eigensein und Sosein gewahr zu werden. Dabei wird das Wahrgenommene nicht benannt, nicht irgendwie interpretiert, nicht in irgendein System integriert. Wenn wir nur in der Wahrnehmung dieses Jetzt verweilen, pure Präsenz sind, dann kann dies zu intensiven neuen Erkenntnissen und Wahrnehmungen führen. Die Wahrnehmung dieser puren Präsenz kann sich graduell steigern, intensivieren. Normalerweise geht damit die Empfindung von intensiver, dichter Stille einher. Wobei im Außen durchaus Geräusche laut werden können. Aber diese sind in einen großen und tiefen Raum von Stille eingebettet beziehungsweise werden gar nicht mehr wahrgenommen. In einem der letzten Kurse erzählte mir ein Kursteilnehmer, der Kirchenmusiker ist, dass der bedeutende moderne Musiker und Komponist John Cage lehrte, Stille sei keine Sache von fehlenden Geräuschen, sondern von Bewusstsein.

Sich dieser kontemplativen Intensivierung des Augenblicks hinzugeben, ist ein wichtiger Schritt auf dem geistlichen Weg. Wenn ich mich ganz dieser Fokussierung hingebe und mich selbst vergesse, gelange ich in die Versenkung beziehungsweise in die Versunkenheit.

Das setzt aber voraus, dass ich die Vergangenheit mit den emotionalen Eindrücken, aber auch die Zukunft mit den damit verbundenen Befürchtungen oder Hoffnungen loslassen kann. Wir bleiben üblicherweise an der Vergangenheit hängen, wenn sie besonders schön war oder aber wenn sie schmerzhaft und leidvoll in die Gegenwart hineinwirkt. Wer zum Beispiel über viele Jahre in einer erfüllten Beziehung gelebt hat und diese durch Tod, Untreue oder sonstige schicksalhafte Verkettungen verliert und nun allein leben muss, der wird sich, um den Verlustschmerz nicht wirklich durchleiden und betrauern zu müssen, gerne in die schönen Erinnerungen vergangener Tage begeben. Dabei ergeht sich die Seele in diesen angenehmen, schönen Erinnerungen. Es wäre aber wichtig, sich dem Schmerz und der Trauer zu stellen, sich Zeit zu gönnen, um den Verlust emotional zu verarbeiten und wirklich in der Gegenwart wieder verweilen zu können. Doch je bedrückender die gegenwärtige Wirklichkeit ist, umso mehr vergoldet man das Vergangene. Ein Kontemplationskurs kann ein wichtiger Raum und eine große Chance sein, um einen solchen Verlust zu betrauern und seelisch zu verarbeiten.

Eine weitere Facette des Haftens an der Vergangenheit sind seelische Verletzungen, die uns durch Zurückweisung von Liebe, durch Herabsetzung und Demütigung, ungerechte und verächtliche Behandlung zugefügt wurden, aber vielleicht auch durch die Erkenntnis, dass man keinesfalls ganz unschuldig an der Situation ist. Auch hier gibt es die natürliche Tendenz der Verdrängung. Aber in der Stille und Reizarmut eines Kontemplationskurses schieben sich diese Dinge ins Bewusstsein. Man beginnt, darüber nachzudenken, wie man die Vergangenheit hätte anders gestalten können, wie man anders hätte reagieren sollen. Oft ergeht man sich in Gedanken von Rache, um innerlich ein Gleichgewicht beziehungsweise Gerechtigkeit zu schaffen. All diese Gedanken bleiben Produkt der Fantasie und können die Vergangenheit nicht mehr ändern. Sie binden uns an die Vergangenheit und erlösen nicht, um frei für die Gegenwart zu sein.

Es wäre jedoch wichtig, loszulassen, frei zu werden von den leidvollen Aspekten der Vergangenheit, aber auch davon, sich – verständlicherweise – kompensatorisch in fantastischen Erinnerungen und Überlegungen zu ergehen.

In diesem Zusammenhang ist das Verzeihenlernen ein großes geistliches Themenfeld. Dabei geht es um das Freiwerden von den emotionalen Verstrickungen und Bindungen, die durch eine solche Verletzung in uns vorhanden sind. Verletzungen und Wunden schaffen besonders starke seelische Bindungen, auch wenn man als »Opfer« glaubt, sich vom »Täter« gelöst und abgegrenzt zu haben. Die Macht der Gedanken, die um diese Ereignisse kreisen, zeigt, dass die Bindung immer noch besteht. Diese Dinge wollen wirklich bereinigt sein und brauchen meist mehr Zeit, als man glaubt. Nicht umsonst spricht man von der Reinigungsphase des kontemplativen Weges.

Wir müssen den Boden für ein Ankommen in der Gegenwart vielleicht erst bereiten. Solange die Seele noch schmerzt, wird dieser Schmerz sich ständig in den Vordergrund und ins Bewusstsein schieben, sodass man die Gegenwart nicht wirklich im Blick halten kann. Seelischer Schmerz wirkt genauso besetzend wie physischer Schmerz. Es gilt, diese Prozesse der Vergangenheitsbewältigung durch Erinnerung zu würdigen, auch wenn man sie als leidvoll und unangenehm empfindet. Zum einen wird man durch die Aufarbeitung dieser Erlebnisse deren gedankliche Anziehungskraft und besetzende Macht neutralisieren, aber eben auch seelisch und psychisch vorankommen. So können wir sagen: Es geht nicht nur darum, die Vergangenheit loszulassen, sondern sie in einem ersten Schritt überhaupt erst einmal zuzulassen, damit sie in der Kontemplation gleichsam nachbereitet werden kann. Wir werden dadurch geistlich freier, offener, empfänglicher. Es ist ein heilsamer, gesamtmenschlicher Prozess.

Doch auch die Zukunft kann uns so sehr gedanklich besetzen, dass wir nicht wirklich in der Gegenwart ankommen können. Manche Menschen haben sich im Lauf ihres Lebens ein Grundmuster angeeignet, mit dem sie versuchen, die Zukunft vorausschauend abzusichern, zu kontrollieren. Dahinter steht oft das verlorengegangene Urvertrauen. Leidvolle, emotional negativ besetzte Ereignisse aus der Vergangenheit sollen sich nicht wiederholen. Deshalb versucht man, die Zukunft durch Kontrolle und Planung abzusichern. Doch das Leben lässt sich nicht absichern, ständig begegnet es uns neu und unverhofft. Es nimmt keine Rücksicht auf unsere aus der Vergangenheit herrührenden, rückwärtsgewandten Strategien und überrascht uns immer wieder mit Unerwartetem. Wer in dieser Zukunftsangst oder Zukunftsvorsorge zu sehr verfangen ist, der ist nicht wirklich offen für das, was ihm die ankommende Zukunft zuspielt. Er verpasst die Chancen dieses Augenblicks, weil er ständig mit dem Nachjustieren seiner Strategien und Konzepte beschäftigt ist.

Religionsphilosophen wie Martin Buber verstehen Ewigkeit als die höchste Form der Gegenwart: nicht mehr kommende und gehende, sondern bleibende und volle Präsenz. Und bereits für Boethius (480–525 n. Chr.) war Ewigkeit das umfassende und gleichzeitige Haben grenzenloser Lebensfülle (*aeternitas est interminabilis vitae tota simul et perfecta possessio*). Ewigkeit als Leben in einer Fülle, die nicht unter Gewöhnung verblasst.

Zugänge zu solchen Erkenntnissen sind sicherlich Erfahrungen, die sich aus dem intensiven Erleben von Gegenwart erschließen. Von daher möchte ich Sie einladen, sich auf diese Übung der Gegenwärtigkeit einzulassen und alles aus dem Weg zu räumen, was Sie hindert, in dieser Präsenz anzukommen.

Leerstellen

Vielen Christen ist nicht bewusst, dass Ostern der eigentliche Kristallisationspunkt ihres Glaubens ist. Dieser kritische Punkt für die Entstehung des Christentums ist eine Leerstelle, eine Lücke, es fehlt etwas: das leere Grab. Auch ist vielen Gläubigen nicht klar, was diese erste Erfahrung am Grab emotional auslöste. Das Markusevangelium, das als ältestes Evangelium gilt, schließt die Erzählung vom leeren Grab mit folgenden dramatischen Worten: »Da gingen sie hinaus und flohen vom Grabe weg. Denn Angst und Entsetzen hatte sie gepackt. Und sie sagten niemandem etwas, denn sie fürchteten sich« (Mk 16,8). Das ist alles andere als eine begeisterte österliche Halleluja-Stimmung.

In der Emmauserzählung zeigt sich dieses Phänomen der Leerstelle erneut: Die Jünger sind mit dem fremden Wanderer unterwegs und am Abend eingekehrt. Während des Abendessens erkennen sie in der Art, wie er das Brot bricht, den Auferstandenen

(Lk 24,31). In dem Augenblick des Erkennens entschwindet er ihnen. Er ist weg und hinterlässt eine Lücke. Und gerade darin liegt eine ungeheure Dynamik. Die Emmausjünger brechen noch in der gleichen Stunde auf, um ihren Freunden in Jerusalem von ihrer Erfahrung zu berichten.

Solche Brüche, plötzliche Leerstellen, sind auch in der Kontemplation wichtige Erfahrungen. Sie liegen vor jeglicher Versprachlichung und können eigentlich nicht ins Wort gehoben werden, brauchen aber dennoch das Wort, um mitgeteilt, kommuniziert werden zu können. Darin liegt die Ambivalenz wirklicher Erfahrung. Denn Sprache, Begriffe sind oft schon die erste Entfremdung, Entstellung, Verbiegung der Erfahrung des Eigentlichen und führen weg vom unmittelbaren Erleben, von der Qualität des gesamtmenschlichen Erfahrungseindrucks.

Der skandinavische Schriftsteller Erling Kagge erzählt in seinem Buch »Stille. Ein Wegweiser« eine Geschichte über den norwegischen Bergführer Claus Helberg, der jedem Teilnehmer einer Bergwandergruppe an einem wunderschönen Tag ein Blatt Papier überreichte, auf dem stand: »Ja, es ist ganz fantastisch.« Kagge meint dazu: »Helberg hatte verstanden, wie Worte unseren Erlebnissen Grenzen setzen. Er wollte vermeiden, dass die Gruppe sich den ganzen Tag lang gegenseitig erzählt, wie fantastisch es ist, statt sich auf das Fantastische zu konzentrieren.«[11] Worte können ein Gefühl, ein Erlebnis kaputtmachen. Kagge meint, es sei toll, große Erlebnisse zu teilen, aber das Gespräch darüber könne uns auch in eine große Distanz dazu bringen.

Kennen Sie aus Ihrer Lebenserfahrung Situationen, die Sie tief berührt haben und Sie für Momente mit einer anderen Realität in Kontakt gebracht haben, die Sie mit einem Schauder belegt haben, weil etwas nahegekommen und Ihnen unter die Haut gegangen ist, die Ihnen im Tiefsten guttaten, aber Sie doch auch erschreckt und beängstigt haben? Dabei kann einen ein ganz gewöhnlicher Eindruck, zum Beispiel das Hören einer Melodie, die Wahrnehmung einer Landschaft, das Sehen eines Menschen oder Gegenstandes plötzlich überwältigen. Dann ist mehr darin als das, was man im Außen wahrnimmt, als das, was ins Wort gehoben, beschrieben und erklärt werden kann. Es ereignet sich so etwas wie ein Riss, ein Spalt im Empfinden und Erleben der Realität. Eine andere Dimension von Erfahrung tritt auf den Plan. Eigentlich ist da nichts Fürchterliches, und doch empfindet man Furcht, empfindet man Ehrfurcht. Eigentlich ist da nichts Besonderes, und doch erlebt man eine ungeheure Anziehung und Faszination. Man ist existenziell berührt von etwas Unerklärlichem, das nicht dingfest gemacht oder bewiesen werden kann, das sich aber sehr wirkmächtig im Empfinden in Form von Anziehung, Faszination oder als Erschrecken, Schauder, Furcht zeigt.

In der Religionsphänomenologie verwendet der evangelische Religionswissenschaftler und lutherische Theologe Rudolf Otto dafür den Begriff *Numen*. Dieses »Etwas« eröffnet eine Ahnung vom Eigentlichen, Wesentlichen, vom Ganzsein, Heilsein, Überweltlichen, Transzendenten im Immanenten. Wir können als Gläubige solche Erfahrungen als das Aufblitzen des gestaltlosen, amorphen, unbestimmbaren Göttlichen interpretieren, das unseren rationalistischen Realitätsbegriff relativiert oder weitet.

Der Mensch sieht sich konfrontiert mit einem Widerfahrnis, das die normale Sinneswahrnehmung transzendiert und unsere aufgeklärte Diesseitigkeit und abgeschlossene Faktengläubigkeit rissig, brüchig werden lässt. Fast verzaubert oder leicht verstört, irritiert lässt sich fragen: »Was ist denn das?« Das religiös emanzipierte »Flachland« bekommt nun eine unerklärliche Tiefe, einen anderen Horizont, ein Jenseits.

Weil der Mensch dieser Erfahrung auch in früheren Jahrhunderten begegnete, versuchte er, die Ursache dieses Erlebens mit bestimmten Begriffen zu ordnen beziehungsweise zu erklären. Da die Qualitäten, Intensitäten und äußeren Zusammenhänge ganz unterschiedlich sein konnten, entwickelten sich diverse Vorstellungen und Erklärungsversuche. Ein solcher Begriff kann in der sprachlichen Deutung der »Engel« sein: Ein Wesen, das sich im Übergang von Diesseits und Jenseits zeigt, ein Bote mit einer Botschaft, der zwischen den verschiedenen Ebenen, Dimensionen wandert.

Wenn wir die biblische Ostererzählung im Markusevangelium anschauen, wo eine solch eigenartige Erfahrung im Spiel ist, steht der Engel hier als eine Chiffre mit Verweischarakter auf das Unsagbare, Unbeweisbare, aber erschreckend Wirkmächtige. Ihm wird die Offenbarungsbotschaft dieser Leerstellenerfahrung in den Mund gelegt. Aber auch an anderen Stellen des Neuen und Alten Testaments können Engel in Verbindung mit solchen Leerstellenerfahrungen gebracht werden, zum Beispiel erfährt Jesus in seiner Angst am Ölberg eine Stärkung durch einen Engel. Da ist eine ungeheure Angst vor dem, was er erahnt, weiß, und dennoch eine unerklärliche Kraft, diesen Weg mit freiem Willen zu gehen. In der Verkündigungsszene tritt bei Maria der Erzengel Gabriel ein. Ein göttlicher Impuls steht am Beginn der Inkarnation Jesu.

Eigenartigerweise kennt die christliche Engellehre eine ganze Hierarchiewelt für diese numinosen Atmosphären, Kräfte, Energien, Erfahrungen. Da gibt es den seelenstärkenden und schützenden Schutzengel, die erhabenen Erzengel, den Gott dienenden Cherub mit dem Flammenschwert (am Eingang zum Paradies), die feurigen Seraphim, Mächte, Gewalten und Throne. Die Chiffre »Engel« steht hier als Sprachbrücke oder Hilfskonstruktion für die Beschreibung der Wirkmächtigkeit des »Etwas« in der Lücke, der Leerstelle, des nicht Dingfesten, Unbeweisbaren, aber eben doch Wirkmächtigen.

Ich habe schon häufiger die Erfahrung von sehr unterschiedlichen Qualitäten von Stille in der Kontemplation gemacht. Stille nicht im Sinn von kein Geräusch hören, sondern von einer Atmosphäre, die sehr dicht werden kann, wie ein Fluidum einem nahekommt, fast wie ein Gewicht als Druck auf der Haut spürbar wird. Wenn dies während eines Kontemplationskurses geschieht, ist es, als wäre neben der Gruppe und mir ein Drittes im Raum. Diese Stille wird dann als etwas erlebt, das einen wesentlich werden lässt, ganz im Hier und Jetzt, achtsam und spürend sein sowie zu sich kommen lässt. Es wirkt heilsam, ordnend, wohltuend. Im intensiven Spüren und Lauschen ins Offene, Unbestimmte, ins Dahinter oder Daneben, vollkommen frei von Erwartungen oder Vorstellungen und Gedanken kann sich dieses »Etwas« offenbaren, das mehr ist, als dass man keinen Laut vernimmt. Damit diese Erfahrung von Stille sich einstellt, bedarf es des kontemplativen Offenseins, Leerseins, der Haltung, nichts machen und haben zu wollen. Gerade dann, wenn alle gedanklichen Konzepte schweigen und nur diese offene, reine Haltung des Kontemplierenden da ist – das Evangelium spricht von der Reinheit des Herzens, die die Gottesschau voraussetzt –, besteht die Chance, dass aus dem tieferen inneren Resonanzraum eine Inspiration, eine Botschaft, eine Erfahrung kommt. In diesem Zusammenhang sei auch auf die alttestamentliche Stelle in den Königsbüchern hingewiesen, in der der Prophet Elija zum Berg Horeb zieht und dort eine Gottesoffenbarung erlebt. Martin Buber übersetzt die entscheidende Stelle, an der Gott erfahren wird, mit den Worten »eine Stimme verschwebenden Schweigens« (1 Kön 19,12). Wir können also sagen, Gott wird erfahren, erlebt, wahrgenommen im raumgreifenden Schweigen, in der schwangeren, lebendigen Stille, im Nicht-Manifesten, Subtilen. Diese Stille kann in ihrer Intensität und Qualität schwanken und ist nicht willentlich reproduzierbar. Sie kann nur im seelischen Erleben festgestellt, nicht aber mit physikalischen Messgeräten verifiziert werden.

Das Einzige, woran ich sie im anderen erkenne, ist die Strahlung dieses Menschen, die Qualität seiner Präsenz und die Veränderungen in der anschließenden Lebensführung. Das ist eines der wichtigen Kennzeichen für geistliche Tiefenerfahrung: Welche Früchte bringt sie hervor? Was unterscheidet einen solchen geistlich erfahrenen Menschen von einem gewöhnlichen Menschen? Und hierin liegt auch die subversive Sprengkraft der Spiritualität für den materiell geprägten Zeitgeist, der den Menschen zu einem willigen Konsumenten erzieht, zu einem effizient arbeitenden Rädchen im Wirtschaftskreislauf ausbildet und mit vielen Informationen medial benebelt, aber damit auch gegen das Andere, den ganz-Anderen, die spirituelle Dimension des Lebens verkapselt. Aus diesen »Spalterfahrungen« einer Leerstelle kann meines Erachtens die Kraft und Energie für eine Verwandlung dieser Welt erwachsen, die immer beim Einzelnen und seiner Umkehr beginnt.

Für die Jünger war die Ostererfahrung und später die Pfingsterfahrung etwas, das eine Bewegung ins Rollen brachte, aus der sich dann trotz Widerstand und Verfolgung in den ersten Jahrhunderten eine ganze Religion mit vielen Facetten entfaltete, eine Dynamik, die trotz geschichtlichem Auf und Ab und manch historischer Verkrustung, Machtverstrickungen, Missbrauch und so weiter bis heute andauert.

Die Ambivalenz solcher Erfahrungen von Erschrecken und Faszination lässt nun auch die Reaktion der Frauen am Grab verstehen. Es ist dieses Erschrecken einmal vor dem leeren Grab, der Leerstelle, aber auch vor dem, was sich ihnen in dieser Leere kundtut: »Da ist ja etwas Unfassbares, Furchtbares« beziehungsweise »Was ist denn das?« Erschüttert rennen sie davon.

Das Mittelalter spricht vom *horror vacui*, dem Schrecken, dem Abscheu vor der Leere, dem der Mensch gerne ausweicht, den er nicht erträgt beziehungsweise den er dann mit irgendetwas füllt und damit schnell verdrängt. Ich kenne Mitbrüder, die die Stille nicht aushalten können. Sie werden unruhig und müssen sofort etwas sagen, eine Leerstelle möglichst gleich irgendwie füllen. Dabei wäre gerade diese Spannung auszuhalten, sie auf sich wirken zu lassen, in diese Leerestelle hineinzuhorchen das, was eventuell weiterführt. Hier ist ein Offenbarungsraum für etwas Neues, das Andere, den Anderen, den ganz Anderen.

Atem als Weg nach innen

Der Religionspädagoge Hubertus Halbfas fragt in einem Religionsbuch für das 4. Schuljahr:

»Kannst du richtig atmen? Kannst du stehen, ohne zu ermüden? Kannst du ruhig sitzen? Kannst du stille sein? Kannst du es bei dir selbst aushalten?«[12]

Können wir auf diese Fragen, die an Schulkinder gerichtet sind, selbstverständlich mit Ja antworten? Auch in der Kontemplation spielt das Atmen, das Sitzen, das Gehen und das Stillwerden eine wichtige Rolle.

»Wenn du richtig atmest, bist du ruhig, dann kannst du die Stille in dir bewahren, dann hältst du es bei dir selbst aus«, schreibt Halbfas weiter. Aber wie atmet man richtig in der Kontemplation? Diese Frage verführt einen, bevor man begonnen hat, zu einer ersten Fehlhaltung: nämlich zum Tun und zur willentlichen Anstrengung, es richtig machen zu wollen. Es ist wichtig, dass wir nicht etwas tun, sondern alles zulassen, nur das Atemgeschehen wahrnehmen, spüren, gewahr werden. Der Atem wird weder zurückgehalten noch absichtlich vertieft oder in einen bestimmten Rhythmus gezwungen, sondern seinem ganz natürlichen Fluss überlassen.

In dieser Weise wenden wir uns dem Atemweg zu. Ich nehme die Luft wahr, wie sie an meiner Naseninnenhaut beim Ein- und Ausatmen entlangzieht. Ich spüre sehr achtsam hin, um genau den Unterschied in der Empfindung zwischen Ein- und Ausatmen zu spüren. Das Objekt der Achtsamkeit ist also die Empfindung, die der ein- und ausströmende Atem an der Innenseite der Nasenflügel verursacht. Bei dieser Empfindung verweilen wir ununterbrochen, mit großem Interesse, aber entspannt, leicht, locker. Dann gehe ich mit meiner Wahrnehmung weiter, spüre in den Rachenraum, den Hals, die Bronchien und schließlich in meine Lungen. Auch wenn ich nichts wahrnehmen kann, wie fühlt sich dieses Nichts an? Wir bleiben einfach dabei, weiter hineinspüren, wie ein Riesenteleskop, das nur auf Empfang ist und in den Weltraum hinaushorcht. Man kann sich dazu viel Zeit lassen. Ruhig etwa 5 Minuten bei einer Wegetappe der Luft von der Nase zur Lunge und umgekehrt verweilen. Dabei ist wichtig, unseren Körper an diesen Stellen zu spüren.

Schließlich wenden wir uns dem Atem selbst zu. Wir beobachten mit großer Achtsamkeit sein Kommen und Gehen im Bauch- und Brustraum. Dabei wird nichts gesteuert. Ist der Atem flach, dann ist er eben flach, ist er tief, dann eben tief. Wir nehmen einfach den natürlichen Fluss wahr und lauschen in ihn hinein.

Wenn sich eine kleine Pause im Atemfluss einstellt, ist die innere Achtsamkeit ganz darauf gerichtet. Man horcht in diese Pause hinein, ohne sie künstlich zu verlängern. Im Horchen erfährt man vielleicht zum ersten Mal die absolute Ruhe in sich selbst. Diese wirkt nun beim neuerlichen Atemholen nach. Zwischen Ein- und Ausatmen entsteht vielleicht wieder eine kleine Pause. Auch hier erspüren wir wieder die innere Ruhe und gehen, ohne den Atemfluss zu manipulieren, wieder in das Ausatmen über. Wir sind immer nur bei diesem Atemzug, nicht bei dem, der war, oder bei dem, der kommen wird. Wir leben ganz diesen Augenblick.

Dabei ist dem Übenden bewusst, wie er atmet: Atmet er tief, so weiß er, ich atme tief; atmet er flach, so weiß er, ich atme flach; horcht er gerade in eine Pause hinein, so ist ihm dies bewusst, ohne mit seinem Willen in irgendeiner Weise Einfluss auf das Atemgeschehen zu nehmen. Dieses Bewusstsein der Atembewegung bedeutet nicht, sie innerlich zu benennen oder gedanklich zu verarbeiten. Es geht gerade darum, den Intellekt, das Denken zu beruhigen.

Dieses wache Achten auf den Atem und Hineinspüren in den Körper gleicht einem Seiltanz. Man muss ganz wach und bewusst da sein, darf aber seine Ich-Aktivität nicht zu stark werden lassen, sonst kommt man ins Tun und fällt aus der inneren Gelassenheit heraus. Auf der anderen Seite darf man jedoch keinen Augenblick mit der bewussten Achtsamkeit nachlassen und aus dem Spüren herausgehen, sonst tragen einen die Gedanken, Gefühle, Bilder fort, oder man gerät ins Dösen und wird von der Müdigkeit übermannt.

Wenn man dabei unter Langeweile, Öde oder dergleichen leidet, liegt das wahrscheinlich daran, dass man nicht genug im Spüren, im Wahrnehmen ist. Wem solches begegnet, der soll bewusst wieder in sich hineinspüren und wahrnehmen. Die Wahrnehmung im Hier und Jetzt ist nicht langweilig, sondern interessant.

Mehr und mehr beruhigt sich der Atem. Die innere Aufmerksamkeit ist ganz beim Ein- und Ausatmen und beim Horchen auf die Stille und Ruhe in uns. Tiefer Trost kann einem in dieser Bewegung des Körpers geschenkt werden. Ganz geborgen ruht man im Geatmet-Werden. Alles ist gut, nichts fehlt, obwohl man nur ruhig dasitzt und atmet. Es kann eine heilige Präsenz erspürt und wahrgenommen werden.

Wem dies gelingt, der empfängt die erste Frucht dieser Übung: Sein Geist (Gedanken, Überlegungen, Fantasien) wird ruhig. Es entsteht die anfängliche Erfahrung von Sammlung. Wir sind auf das Atemgeschehen zentriert; unser Bewusstsein verweilt in der Empfindung des Atemgeschehens. Je intensiver diese Achtsamkeit auf den Atem gelingt, desto mehr verblassen die Störungen aus dem Außenbereich, aber auch die Gedanken.

Nun kann hier die erste Hürde für einen Anfänger sichtbar werden. Bisweilen können Menschen den Atem, sobald sie sich ihm bewusst zuwenden, nicht frei fließen lassen. Sie forcieren ihn und beginnen, ihn in den Griff zu nehmen und zu kontrollieren. Es fällt diesen Menschen sehr schwer loszulassen, sich dem Atemgeschehen zu überlassen, sich hinzugeben, sich herzugeben, aber auch, sich niederzulassen, einzulassen und sich fallen zu lassen. Oft merkt man das daran, dass ihr Atem dann laut wird und man in der Gruppe jemanden atmen hört. Das hat nichts mit Asthma, Erkältung oder Ähnlichem zu tun, denn wenn die Gruppe dann geht oder vor dem Beginn der Kontemplation einfach steht und wartet, so hört man diese Menschen nicht atmen. Oft tritt dieses Problem bei Menschen auf, die auch im Alltag alles unter ihrer Kontrolle halten und es immer richtig machen wollen. Das kostet sie viel Kraft und ist auf Dauer anstrengend und ermüdend.

Kontemplation arbeitet nicht mit einer bestimmten Atemtechnik, wie wir es im Yoga, aber auch im Jesusgebet kennen. Im Yoga werden bestimmte Atemrhythmen eingeübt, sodass Ein- und Ausatem und die dazwischenliegenden Pausen in einem bestimmten zeitlichen Längenverhältnis stehen. Auch dies führt zu einer Beruhigung auf der mentalen Ebene. Meine ganze Aufmerksamkeit ist auf das genaue Einhalten dieser zeitlichen Atemsequenzen zentriert und bindet damit meinen Geist.

In den Texten der geistlichen Väter zum Jesusgebet finden sich ebenfalls Anweisungen, den Atem zu steuern, um damit den Gedankenfluss zu unterbinden. Bei Gregor von Thessaloniki heißt es dazu: »Darum raten manche, auf den häufig entströmenden und zurückgeführten Atem aufzumerken, ihn ein wenig anzuhalten, als ob sie auch den Geist damit festhielten, indem sie ihn im Atem verwahren, bis sie mit der Hilfe Gottes zum Besseren vordringen, ihren Geist unfähig machen, sich zu seiner Umwelt zu begeben und sich damit zu vermischen, und daraufhin fähig sind, ihn sorgsam zu einer einförmigen Wicklung zusammenzuführen.«[13] Die Schwierigkeit an dieser Atemtechnik ist, dass der Übende sich nicht in das unmittelbar fließende Leben fallen lässt, sich nicht dem im Atem aufscheinenden göttlichen Geschehen überlässt, sondern diesen mit seinem kleinen Eigenwillen und Tun durchkreuzt. Das kann einem Anfänger zwar helfen, die Umtriebigkeit des Geistes zu binden, verdirbt aber leicht die natürliche Atmung und macht sie zu einer von Willensanstrengung kanalisierten Lebensbewegung. Wenn ich mich jedoch ganz dem fließenden Leben in der Atmung hingebe, überlasse, bin ich auch bereit, mich Gott ganz hinzugeben beziehungsweise ihn gewahr zu werden, seine Präsenz zu erfahren.

In der biblischen Tradition bläst Gott dem Menschen den Lebensatem ein. In jedem Atemzug wird uns dieses Leben geschenkt. Nicht einmal dann atmen wir, sondern jeder Atemzug ist das augenblickliche Geschenk des lebenspendenden göttlichen Geheimnisses.

Auf dem Berg Athos führt man den jungen Mönch in das Jesus- beziehungsweise Herzensgebet dadurch ein, dass man ihm sagt, er solle zunächst wie ein Berg, dann wie eine Blume beten. Es geht den dortigen geistlichen Begleitern darum, dass der Anfänger lernt, in seinem Körper einfach nur da zu sein, zu verweilen, nichts zu tun, und eine körperliche und innere Aufrichtung und Ausrichtung zu finden. Der Lernschritt »Atem« wird dem Novizen dadurch beigebracht, dass er meditieren soll wie der Ozean. Das ständige Kommen und Gehen der Wellen des Meeres ist ein Bild für das Kommen und Gehen des Atems, aber auch für das Kommen und Gehen der Gedanken und Gefühle.

Wenn ich stundenlang der Wellenbewegung des Meeres zuschaue, kann es geschehen, dass ich mich selbst vergesse. Dabei schwinge ich mich ein in die große Atem-Lebens-Wellen-Bewegung des Ozeans. Der Ozean ist aber weit mehr als die Wellen an der Oberfläche und am Strand; er ist Wasser mit unendlicher Weite und Tiefe. Dort ist er immer still und ruhig. Keine Bewegung lenkt vom Eigentlichen des Meeres ab.

So gilt es auch, sich beim Achten auf den Atem ganz dieser Bewegung hinzugeben und sich dabei an den Rand des Sich-Vergessens zu bringen. Dennoch ist man wach und bewusst. Insbesondere in den Momenten, in denen der Einatem endet und kurz bevor der Ausatem beginnt, aber auch am Ende des Ausatmens und vor dem Beginn des Einatmens gibt es einige Sekunden tiefer Stille. Wenn da keine Gedanken sind, sondern nur reines, absichtsloses Gewahrwerden, dann ist das der Übergang zum Gewahrwerden von etwas viel Größerem und Tieferem als der Atembewegung.

Versuchen Sie einmal, achtsam, selbstlos, indifferent das wahrzunehmen, was da ist. Vielleicht werden Sie dann so etwas wie den tragenden Grund des Lebens gewahr. Hier sind die Übergänge zu höheren Bewusstseinsstufen, Türen, die aus dem rein Körperlichen (Physischen), aber auch rein Gedanklichen (Mentalen) hinausführen.

Wem das nicht gelingt, der kann versuchen, so achtsam und tief wie möglich nach innen zu kommen und sich dann in einem weiteren Schritt ganz zu öffnen zu einer empfangenden Haltung der Offenheit, des Staunens, des Ahnens. Der große indische Weise Kabir, der sowohl dem Islam als auch dem Hinduismus nahestand, formuliert es wie folgt: »O du, der du mir dienst, wo suchst du mich? Siehe, ich bin bei dir. Ich bin weder im Tempel noch in der Moschee, weder in der Kaaba, noch auf dem Kailash, weder bin ich in Riten und Zeremonien, noch in Yoga oder Entsagung. Wenn du ein wahrhaft Suchender bist, wirst du mich sogleich sehen. Mir begegnen im gleichen Augenblick. Kabir sagt: O Saddhu, Gott ist der Atem allen Atems.«[14] Viele sind fasziniert von der dichterischen Schönheit dieses Textes, doch was »Gott ist der Atem allen Atems« bedeutet, kann man nur verstehen, wenn man es erfahren hat.

Diese Erfahrung kann damit verglichen werden, wenn im Ozean der Fisch erkennt, dass alles nass ist. War es jemals anders? Kann es im Ozean irgendwo nicht nass sein? Es ist doch ganz klar, dass der Ozean überall nass ist. Die Nässe ist sein tiefstes Wesen. Und dennoch erkennen wir Gott nicht. Doch Kabir sagt: »Sogleich wirst du mich erkennen, mir begegnen im gleichen Augenblick; ich bin der Atem allen Atems.«

So möchte ich Sie einladen, sich auf den Weg zu machen, sich in Achtsamkeit dem Atem zuzuwenden, Gottes Gegenwart in diesem Augenblick gewahr zu werden.

Mantra - Herzensgebet

In vielen Religionen gibt es eine besondere Form des Gebets, bei der ein Wort oder Satz immer wieder wiederholt wird. Man nennt das mantrisches Beten. Im Christentum kennen wir diese Form des Betens in den Litaneien, dem Rosenkranz, den Einwortgebeten, den Stoßgebeten und vor allem im Herzensgebet oder Jesusgebet. Das mantrische Beten dient in den Religionen meist der tieferen Versenkung, es führt durch seine Einförmigkeit und Wiederholung dazu, dass der Geist zur Ruhe kommt.

Das Einüben des Herzens- oder Jesusgebets beginnt damit, dass das Gebetswort ständig wiederholt wird. Dabei hat es sich als hilfreich erwiesen, das Wort mit dem Atem zu verbinden. Im Achten auf den natürlichen Atemfluss wird das Wort zunächst halblaut oder still, innerlich hörend, andächtig lauschend gebetet. Es ist wichtig, dass sich das Wort dem Atemfluss anpasst und nicht der Atem dem Wortrhythmus folgt.

Die ganze Aufmerksamkeit gilt dem Spüren des Atems und dem inneren Lauschen auf den Klang des Wortes. Wir wissen aus den verschiedenen geistlichen Schulen, dass allein das Lauschen und innere Hören auf den Klang des Gebetswortes ordnend und heilend wirkt. Nicht das Nachdenken über dessen Bedeutung ist wichtig, sondern das Einfühlen in den inneren Klang, die liebevolle Hingabe an die im Klang mitschwingende transzendente Wirklichkeit. Dieses liebende Einspüren in die im Klang des Wortes anwesende Gegenwart Gottes berührt unsere Seele und öffnet allmählich den Herzraum, später den ganzen Leib für das Wirken des Wortes. Wir werden gewahr: »In Ihm leben wir, bewegen wir uns und sind wir« (Apg 17,28).

Lassen Sie mich die Wirkung von Worten auf den Menschen etwas verdeutlichen. Wenn ich mit dem Namen meiner Mutter beten würde, würde etwas Weibliches in mir schwingen. Die ganze Beziehung, die ich zu meiner Mutter hatte, wäre im Wiederholen des mütterlichen Namens gegenwärtig. Ist diese Beziehung in der frühen Kindheit einigermaßen geglückt und nicht durch Brüche gekennzeichnet, würde etwas von dieser ursprünglichen Liebe, Geborgenheit, von dem Getragensein, Angenommensein, Gewolltsein, Genährtsein mitschwingen.

Wenn ich mit dem Namen Marias bete, klingt ebenfalls etwas Mütterliches, Weibliches in mir an. Aber es kommt auch all das zum Schwingen, was die Kirchen- und Kunstgeschichte mit Maria verbunden, wie sie sie dargestellt hat. Das alles ist unbewusst seit vielen Generationen in die Seele des abendländischen Menschen eingeflossen. In dieser Form des Betens schwingt mit, dass ich offen bin für Gottes Wort, dass ich das Wort Gottes im Herz bewahre und bewege. Es schwingt aber auch das Unversehrtsein und die Vollendung eines Menschen mit. Wir feiern in der katholischen Tradition diese Vollendung an Mariä Himmelfahrt. Mit Maria wird die höchste Reinheit der Seele, der makellose Zustand des Wesens in Verbindung gebracht. Ihr Beispiel kann in mir durch Einstimmung in ihren Namen fruchtbar werden.

Wenn ich mit dem Namen Jesu bete, dann schwingt etwas Männliches mit. Aber eben auch all das, wofür er steht:

- In Jesus wird Gott Mensch; damit wird der Mensch etwas unendlich Wertvolles und so bin auch ich jemand, der von Gott absolut gewollt und geliebt ist. Auch in mir will Gott Fleisch werden. Die ostkirchlichen Theologen sprechen von der Vergöttlichung des Menschen.

- Jesus war in einmaliger Weise durchlässig für das göttliche Geheimnis, das er selbst »Abba« nannte. Spätere Theologen sagten, in ihm hat Gott selbst gesprochen. Durch ihn hat Gott hindurchgetönt (lat. *personare*).

- Jesus hat sich um alle gekümmert, die »unten« waren: die Kranken, die gesellschaftlich Ausgestoßenen, die Zöllner und Sünder. Auch ich bin in all meinen Krankheiten, meinem gesellschaftlichen Nichtangenommensein, meinen Grenzen und Schwächen gewollt und jemand, der zur Vollendung, zum Heil, zum Ganzsein berufen ist. Auf dem kontemplativen Weg sind aber häufig die Dinge, die ich selbst an und in mir nicht annehmen kann, gerade das, was zum Angenommenwerden berufen ist.

- Jesus steht für Auferstehung und Verklärung trotz Leid und Tod. Er durchleidet körperlich und psychisch eine furchtbare Katastrophe: die Vernichtung am Kreuz. Aber dieser Untergang ist sein Sieg. Dort, wo mein Leiden, mein Verlieren in den Kämpfen dieser Welt, mein Scheitern angenommen wird, wie Jesus sein Leiden angenommen hat, dort ist auch der Keim für Auferstehung, Verklärung, Wandlung, Heil.

Das alte Mönchtum verwendet für dieses wiederholende Beten das Wort Ruminieren – Wiederkäuen. Der Mönch kaut gleichsam das Wort Gottes ständig wieder und schließt damit die innere Nahrung dieses Wortes auf. Darum geht es auch uns im achtsamen Üben des Gebetswortes. Die im Gebetswort mitschwingende göttliche Dimension soll sich uns mehr und mehr erfahrbar auftun. Für die meisten Übenden ist diese Form des Betens eine große Hilfe. Sie vermögen, mehr bei sich zu bleiben, den starken Gedankenfluss zu reduzieren und das Bewusstsein innerlich wach auf Gott ausgerichtet zu halten. Die Störungen nehmen ab.

Je mehr es einem Menschen gelingt, in dieser Gebetsübung zu verweilen, desto mehr kann sie sich über den Atem in ihm einwurzeln. Eine Frucht dieser Einwurzelung ist, dass das Wort sich selbst betet, zunächst zeitweise, später vielleicht sogar ununterbrochen. Es muss nicht mehr durch den Willen des Menschen angetrieben werden. Das Einzige, dessen es dann noch bedarf, ist eine große Achtsamkeit, die das Kommen und Gehen des Atems wahrnimmt und den inneren Klang und die Ausstrahlung des Gebetes im Körper verkostet. In der Tradition des Herzensgebetes wird in diesem Zusammenhang immer wieder von der Empfindung von Wärme im Brust- und/oder Herzraum gesprochen. Im Übenden breitet sich ein Wohlgefühl aus, das ihn spüren lässt, dass er andächtig bei sich ist. Das führt dazu, dass er liebevoll mit der Umwelt umgehen und in einer großen Ruhe die Dinge des Alltags verrichten kann. Es ist dann kein Beten zu Gott, zu Christus mehr, sondern ein Beten in Gott, in Christus. Gottes Heilsnähe wird als Ruhe, Friede, Liebe, Barmherzigkeit, Zufriedenheit, Wohlwollen gegenüber allen und allem, als ein Bei-sich-Sein und In-sich-Ruhen erfahren. Es ist wie ein mit Wasser vollgesogener Schwamm. Das Ineinander von Schwamm und Wasser steht als Bild für dieses Ineinander von Körper und göttlicher Gegenwart.

Diese Erfahrung kann nicht nach Belieben willentlich reproduziert werden. Sie ist Gnade. Gnade ist etwas, das ich von Gott geschenkt bekomme. Sie ist aber auch ein Zustand, in dem ich Gottes liebende, heilende und heiligende Nähe spüre. Manche beschreiben die Gnade wie einen Mantel, der sich um sie legt, in dem sie geborgen sind. Es ist also etwas, das in mir Raum gewinnt, das sich aber zudem um mich herum wahrnehmen lässt.

In einem Menschen, der mehr und mehr vom Namen Jesu durchdrungen ist – oder besser: sich durchdringen lässt –, entfalten sich zunehmend auch die Qualitäten Jesu: seine Güte, Liebe, Demut, Klarheit, Schönheit, sein Licht. Begegnet man solchen Menschen, dann ist etwas von dieser Qualität in deren Ausstrahlung zu spüren. Bei höchster Steigerung sprechen wir von einem Heiligen, in dessen Umfeld Gottes Nähe erfahrbar wird.

Ein Grund, warum wir aus diesem Gnadenstand herausfallen, ist, dass wir den Eingebungen des Geistes Gottes nicht gehorchen, sondern unsere eigenen Wege gehen. Unser kleines Ego muss sich zurücknehmen und sich der Führung der göttlichen Gnade vorbehaltlos überlassen. Das setzt aber voraus, dass ich Vertrauen habe in die inneren Impulse, selbst wenn ich nicht weiß, wohin mich Gottes Vorsehung führen wird. Bei den allermeisten Menschen, die an diesen Punkt geistlicher Reifung gelangen, zeigt sich massive Angst. Es ist die Angst, nicht zu wissen, wohin der Geist Gottes mich führen wird, was morgen sein wird, ob Gottes Wille mich Wege weist, die mein Ich nicht gehen will.

Die Evangelien berichten uns, dass Jesus vor seinem öffentlichen Wirken vom Geist Gottes in die Wüste geführt wird. Er lässt sich führen und wird schweren Versuchungen ausgesetzt. Wir dürfen diese Widerstände, die in diesem geistlichen Reifungsstadium auftreten, nicht unterschätzen. Und wir sollten uns bewusst sein, dass die Bereitschaft, sich von Gottes Geist führen zu lassen, immer wieder neu errungen werden muss. Wir sehen diesen fortlaufenden Reifungs- und Entwicklungsprozess auch bei Jesus. In der Ölbergstunde ist dieses Ringen nochmals in seiner letzten Radikalität beschrieben.

Das kleine Ego, das sich sorgt, das plant, das vorausschaut, das etwas Bestimmtes will und etwas anderes nicht will, das genau wissen will, das sich absichern will, muss sich den Eingebungen des Geistes demütig überlassen. Hier ist geistlicher Gehorsam anzusiedeln. Das menschliche Ich nimmt sich zurück, wird passiv, damit Gottes Geist handeln kann. Ein biblisches Bild für diesen geistlichen Entwicklungsprozess ist Maria, die sich mit den Worten »Siehe, ich bin eine Magd des Herrn, mir geschehe nach deinem Wort« (Lk 1,38) ganz zurücknimmt und Gottes Geist in sich wirken lässt. Dadurch kann Gott Fleisch werden, kann er sich inkarnieren.

Darum geht es auch bei uns: dass unser Fleisch, unser Körper, unser Leib Tempel des Geistes Gottes wird und er so ganz durchgottet, vergöttlicht wird, wie die frühe Kirche es formulierte. Bei Angelus Silesius findet sich folgender Vers:

Gott ist mein Geist, mein Blut, mein Fleisch und mein Gebein;
wie soll ich dann mit ihm nicht ganz durchgottet sein?

Das ist der eine Aspekt der geistlichen Entwicklung, dass Gott mehr und mehr in mir Wohnung nimmt, dass ich Tempel des Heiligen Geistes werde. Je mehr dies geschieht, desto mehr kann sich Gottes Plan mit der Welt durch mich hindurch verwirklichen. Ich habe eine bestimmte Aufgabe, eine Berufung. Indem ich mehr und mehr ein williges Werkzeug für Gottes Willen werde, kann sich auch die Welt entwickeln.

Gottes Heilswille wirbt in jedem Menschen darum, dass er seine Ego-Vorbehalte und seine Ego-Verlustängste loslässt. Je mehr es unserem Ego gelingt, sich in den göttlichen Dienst zu stellen, sich zu überlassen, desto mehr erfährt es eine große Freiheit. Es braucht nichts mehr zu tun, braucht keine Anerkennung mehr, da Gott diesen Menschen erfüllt und er sich in ihm geborgen weiß. Im achtsamen Verweilen in der Bewegung des Atems und dem inneren, sich selbst vollziehenden Gebet erfährt sich der Mensch im Einklang mit Gott. Er wird von seinem Geist, seiner Kraft, seiner Liebe nicht nur innerlich durchdrungen, sondern diese Qualität dringt auch nach außen. Der Mensch als Person ist ein von Gott »Durchtönter«.

Ein Bild für dieses Durchtöntsein von Gott ist das Instrument und sein Spieler. Gott ist der Spieler, wir sind das Instrument. Je mehr wir uns stimmen und stimmen lassen, desto besser kann das göttliche Konzert erklingen. Je mehr Instrumente schlecht gestimmt sind, desto misstöniger wird das Konzert.

Von Seraphim von Sarow wird uns ein Wort überliefert: »Erlange inneren Frieden und Tausende um dich werden ihr Heil finden.« Hier wirkt die göttliche Gnade im Menschen als innerer Friede, als *Hesychia*, und nach außen als heilschaffend.

Vergebung

Am Beginn eines Kontemplationskurses ist es wichtig, dass wir zunächst Körper und Geist beruhigen: in der sitzenden Körperhaltung verweilen, den Atem beobachten, die Gedanken immer wieder stehen lassen. Hinzu kommt, dass wir uns entspannen – körperlich-muskulär, aber auch mental. Anspannungen in der Muskulatur verursachen Gedanken; aber auch Gedanken haben einen Niederschlag im Tonus der Muskulatur des Menschen.

Deshalb ist die Aussöhnung mit dem Umfeld des Einzelnen so wichtig, um innerlich in Frieden zu kommen. Wenn wir in Spannungen, in Konflikt sind – sei es mit Mitmenschen oder mit uns selbst –, so ist es sehr wahrscheinlich, dass uns diese Themen gedanklich während der Kontemplation beschäftigen. Ein wichtiges Stichwort dieser Versöhnungsarbeit im eigenen Innen ist die Vergebung, sei es, sich selbst gegenüber oder gegenüber Menschen, die einen verletzt haben. Aber auch sich mit dem eigenen Schicksal auszusöhnen, spielt dabei eine Rolle.

Ein weiteres Stichwort für diese Versöhnungsarbeit ist die Aussöhnung mit sich selbst. Wir sprechen von der Selbstannahme, der Selbstliebe, der Selbstakzeptanz. Da spielt die Integration dessen, was die Psychologie »Schatten« nennt, eine wichtige Rolle. Man versteht darunter die innere Annahme von dunklen, ungeliebten oder negativ bewerteten Persönlichkeitsanteilen: das, was ich eigentlich in mir anders haben möchte, aber nicht wirklich ändern kann. All das, was nicht in mein Selbstbild, meine Fassade passt. Die Ecken und Kanten meiner Persönlichkeit, die inneren Abgründe, das Böse und Dunkle, vielleicht auch nur Aspekte meiner Persönlichkeit, die ich aufgrund meiner Erziehung oder meines Selbstbildes als negativ bewerte, die aber eigentlich nicht negativ sind. Wir werden nicht dadurch »hell«, dass wir uns Helles vorstellen, sondern indem wir uns Dunkles bewusstmachen. Dies ist aber ein eher unangenehmer Prozess und daher wird er häufig verdrängt.

Je tiefer wir in diese innere Schattenarbeit eintauchen, desto mehr werden uns unsere Unzulänglichkeiten, unsere Kleinlichkeiten, der eigene Zorn und Groll, die Fähigkeit zu Grausamkeit wie in einem Spiegel gezeigt. Wir wollen all das nicht, können es aber auch nicht aus der eigenen inneren Welt schaffen, sondern stehen gleichsam nackt und vielleicht auch verzweifelt vor unserer Beschränktheit. Dies lässt den Menschen zutiefst demütig werden und aus tiefstem Herzen Gott um Erbarmen und Hilfe bitten. Hier ist der Punkt, an dem der innere Wegprozess uns in die Ergebung führt, ein Kapitulieren des Egos, das bisher versucht hat, alles willentlich zu steuern und sich nun ohnmächtig, vielleicht auch verzweifelt Gott überlassen muss. Daraus kann dann Wandlung erwachsen.

Zu dieser Aussöhnungsarbeit gehört dann auch, dass ich meine Eltern beziehungsweise Vorfahren so, wie sie waren, annehme und akzeptiere. Ich erlebe in der Begleitung immer wieder Menschen, die einen Elternteil aufgrund bestimmter Eigenschaften, aufgrund bestimmter Taten nicht akzeptieren können. Sie lehnen damit aber auch einen Teil in sich selbst ab, denn die eigenen Wurzeln sind nicht nur genetisch bei diesen Vorfahren zu suchen.

Wir übernehmen unbewusst von den Eltern und deren Vorfahren eben auch die Lebenseinstellungen, Wertevorstellungen, Haltungen, manchmal sogar deren Schatten. Das, was vorhergehende Generationen nicht gelebt und verdrängt haben, wird leicht an die nächste Generation weitergegeben. Eltern projizieren in ihre Kinder all das als Wunschbild hinein, was sie für sich selbst nicht erreichen konnten. Wir sind gleichsam an das Erbe unserer Ahnen gebunden, aber ein Stück weit frei im Umgang mit diesem Erbe. Ich kann den Umgang damit selbstbestimmt gestalten, wenn ich mir dessen bewusst bin. Deshalb ist für die Erlösung dieser Dynamiken und Energien die Bewusstmachung entscheidend.

Es ist interessant, dass uns im Neuen Testament zwei Stammbäume Jesu überliefert sind. Bei genauerem Hinsehen stellen wir fest, dass Matthäus in diesem Stammbaum Personen mit erheblichem moralischem/ethischem Ballast aufführt. Zum Beispiel erscheint die ethisch belastende Beziehungsgeschichte von König David mit Bathseba, der Frau des Hethiters Urija, aus der König Salomon entstammt. Der Hethiter Urija wird durch einen geschickten Schachzug König Davids zu Tode gebracht, weshalb der Prophet Nathan gegen David vorgeht. Dann sind da die Frauen Ruth und Rachab, die in der Bibel als Ausländerinnen betrachtet werden, also nicht zum eigentlichen »auserwählten« Volk gehören.

Auch wenn in den beiden Stammbäumen, die Matthäus und Lukas in ihren Evangelien aufführen und verschieden konzipiert sind, die Exegeten uns theologische Botschaften und Intentionen nachweisen, es also primär nicht um eine biografische Information oder historische Chronologie geht und sie somit ein künstliches literarisches Gebilde sind, so lässt sich darüber doch sagen, dass der historische Jesus von Nazareth als Mensch aus Fleisch und Blut nicht nur genetisch, sondern auch emotional von seinen Vorfahren und durch sein kulturelles Umfeld wesentlich mitgeprägt war. Alle Menschen sind immer auch eingebettet in das Feld der Ahnen mit all ihren Geschichten, Ungereimtheiten, Begrenzungen, ihrer Größe, aber eben auch ihren Schwächen.

Ein schwieriges Kapitel in der Auseinandersetzung mit den Vorfahren wird oft dort aufgeschlagen, wo wir uns mit Ahnen konfrontiert sehen, die wir lieber nicht zu unserer Familie zählen würden. Dahinter steht meist die anklagende Feststellung: »Das, was ihr da getan habt, wie ihr euch verhalten habt, das war falsch! Und weil ihr euch falsch verhalten habt, möchte ich nichts mehr mit euch zu tun haben. Ich schäme mich eures Verhaltens, es ist mir peinlich.« Wir tragen die Last der Fehler unserer Vorfahren, genauso wie den Ruhm und Segen ihrer Tugenden mit uns herum.

Das ist einerseits eine natürliche Reaktion, dass man das Vergangene ungeschehen machen will, weil man sich mit diesen Vorfahren identifiziert und ihr Leben und Verhalten nach heutigen Maßstäben bewertet. Aber bedenken wir bei einem solchen inneren Urteilen auch, wie wohl unsere Nachfahren uns bewerten werden? Denken wir da nur an den menschengemachten Klimawandel, Ressourcenverschwendung, an unseren Lebensstil.

Solange wir aber innerlich noch im Streit liegen mit den Eltern beziehungsweise Vorfahren, sind wir noch an sie gebunden und seelisch nicht wirklich frei. Erst, wenn wir sie so lassen können, wie sie waren, werden wir gelassen, entspannt und frei.

In der Systemischen Aufstellungsarbeit etwa nach Bert Hellinger wird uns bewusst gemacht, dass es eine Anmaßung ist, wenn wir über unsere Vorfahren richten wollen und sie in unseren Nachforschungen verurteilen. Das wird ihnen nicht gerecht. Es war ihr Schicksal, was auch immer sie vielleicht erleiden mussten oder getan haben. Wir können das nicht ungeschehen machen und ihnen nichts abnehmen oder ausgleichen, nichts für sie sühnen. »Sühnen« hat mit »versöhnen«, »aussöhnen« zu tun. Ich würdige ihr Leben, indem ich das, was geschehen ist, zunächst bei ihnen lasse. Dennoch verspüre ich vielleicht in mir eine emotionale Last, die mir von diesen Vorfahren überkommen ist und die mich lähmt, mich mitschuldig fühlen lässt.

Wenn jemand in der Lebensgeschichte seiner Vorfahren massive Schuld erkennt, so ist vielleicht auch noch ein anderes Handeln möglich. Ich möchte hier ein Beispiel aus der Abteigeschichte anführen:

Im Jahr 1941 wurde die Abtei Münsterschwarzach durch die Gestapo beziehungsweise SS-Truppen gewaltsam aufgelöst. Alle jüngeren wehrfähigen Mönche wurden zum Wehrdienst verpflichtet und zogen in den Krieg. Fünfzig Mönche fielen. Die Patres wurden auf einem Lastwagen auf den Kreuzberg transportiert und kamen später in verschiedenen Diözesen in der Seelsorge unter. Ein Mitbruder wurde in das KZ Dachau verbracht, das er glücklicherweise überlebte. Es geschah also massives politisch motiviertes Unrecht, das gravierende Folgen für das Hab und Gut des Klosters hatte, aber noch mehr für Leib und Leben der einzelnen Mitglieder der ganzen Klostergemeinschaft. Vor einigen Jahren meldete sich an der Klosterpforte ein Ehepaar und wollte mit dem Abt sprechen. In diesem Gespräch entschuldigte sich der Mann für das Unrecht, das der Abtei und der damaligen

Gemeinschaft in diesen schwierigen Kriegsjahren widerfahren war. Er hatte bei seinen Nachforschungen herausgefunden, dass seine Mutter die Tochter des SS-Einsatzleiters war, der die Auflösung befehligte. Am Kriegsende beging er – wie viele andere führende Nationalsozialisten – gemeinsam mit seiner Frau Suizid. Die Tochter überlebte und tradierte in ihrer Familie den eigenen Kindern, dass Opa und Oma im Krieg umgekommen seien. Die Wahrheit wurde also tabuisiert. Erst durch seine Nachforschungen enthüllte sich ihm diese dunkle Dimension im Leben seines Großvaters. Welche Last liegt da in der Seele dieses Mannes, obwohl er selbst keinerlei Verantwortung für das Verhalten und Handeln seines Großvaters hat! Durch seine Entschuldigung, den gemeinsamen Besuch des jetzigen Abtes mit diesem Paar am Grab des damaligen Abtes und den inneren Umgang mit der Geschichte hier vor Ort konnte er für sich ein Stück weit Frieden finden. Gleichzeitig kam im gesamten »Energiefeld« der Abtei etwas wieder mehr in Ordnung. So funktioniert heilende Vergebungsarbeit.

Dennoch bildet der Großvater für diesen Mann den Boden, in dem seine Wurzeln gründen, aus dem er Leben und Lebenskraft schöpft. Wir stehen auf den Schultern unserer Vorfahren. Sie abzulehnen, zu verurteilen, bedeutet auch, sich von einer wichtigen Dimension des eigenen Lebens abzuschneiden.

Aus der dogmengeschichtlichen Entwicklung des Verständnisses Jesu und der Auseinandersetzung über die sprachliche Fassung des Geheimnisses von Gottheit und Menschheit im ersten christlichen Jahrtausend stammt die Formulierung: »Erlöst ist nur das, was angenommen ist« (Gregor von Nyssa). Dieser wichtige Satz in der Christologie kann auch psychologisch betrachtet für uns gelten. Nur das ist wirklich erlöst, was ich im eigenen Innen zutiefst akzeptiere und angenommen habe. Dann ist es dafür offen, dass ich vielleicht das eine oder andere ändern kann.

Für mich persönlich war es einmal in meiner eigenen Entwicklungsgeschichte eine wichtige Phase, mich mit meinen Vorfahren zu beschäftigen. Ich hatte das Glück, dass ich noch meine Großeltern nach ihren Eltern und deren Großeltern sowie deren Schicksal befragen konnte. Im Weiteren war es für mich von Bedeutung, die Orte, an denen diese Menschen gelebt haben, aufzusuchen: die Höfe und Häuser, die sie bewohnt haben, die Landschaften, Täler, in denen sie gelebt und gearbeitet haben, und die Orte, an denen sie gestorben sind. Ich wollte das Schicksal all dieser Menschen kennen, um zu spüren: Das ist alles irgendwie auch in mir vorhanden. Das hat etwas in mir verändert. Ich habe den Eindruck, irgendwie mit deren Kraft und Schicksal verbunden zu sein.

Beten ohne Worte

Die meisten von uns haben vermutlich schon als Kinder beten gelernt: Es wurde bei Tisch gebetet, es gab das Morgen- und Abendgebet, man wurde mit in den Gemeindegottesdienst genommen. Ganz selbstverständlich wuchs man in die religiöse Welt und Praxis hinein. Später kam der Religionsunterricht hinzu, die Katechesen vor der Erstkommunion, der Firmung, der Konfirmation.

Wenn nun jemand erst später im Leben zum Glauben kommt, was in einer mehr und mehr säkularen Gesellschaft keine Seltenheit ist, beginnt dieser Prozess meist mit einer intellektuellen Auseinandersetzung und einem Fragen nach Lebenssinn, nach der theoretischen Möglichkeit von Transzendenz, nach Gott. Es ist eine Suchbewegung von außen, aus einer neutralen Distanz, man schaut nach Information in Büchern, führt Gespräche. Es bleibt jedoch eine Suche auf intellektuellem Niveau, es geht um Informationen, das Abwägen von Argumenten und Überzeugungen, Meinungen. Natürlich gibt es da für alle Argumente auch Gegenargumente. Die Überlegungen über Gott bleiben im Theoretischen – und es könnte sich natürlich auch noch einmal ganz anders verhalten. Es bleibt alles eine Hypothese, bis es zu einem existenziellen Vollzug kommt. Ich kann ein ganzes Theologiestudium absolvieren und alles lesen, was Theologen und Philosophen zum Thema Gott gesagt haben. Der entscheidende Schritt, der alles verändert, aber ist, dass ich beginne, mich persönlich an ihn zu wenden; dass ich ihn anspreche, zum Beispiel mit: »Du, den ich nicht kenne«, »Du, den ich erahne«, »Du, an den ich glauben möchte« oder einfach mit der biblischen Bitte: »Herr, hilf meinem Unglauben«. Ich muss mich mit Gott in Beziehung setzen, mit ihm in Beziehung treten. Dies bedeutet eine entscheidende Grenzüberschreitung: Ich bleibe nicht mehr in der Distanz.

Kann sich der nun am Anfang des Glaubens Stehende mehr und mehr auf diese Beziehung einlassen, so wächst das Vertrauen, wirklich ein Gegenüber zu spüren, das seinem Leben eine neue Qualität verleiht, das ihn begleitet, führt, trägt, um ihn weiß. Und es entstehen Gottesvorstellungen, die gespeist sind aus den Bildern der religiösen – christlichen – Tradition, aus den eigenen Erfahrungen der inneren geistlichen Wahrnehmungs- und Erlebnisfähigkeit.

Ein wesentliches Kennzeichen dieser Gottesvorstellungen ist, dass dieser mir gegenübersteht. Er ist nicht ich und ich bin nicht er. Er ist zwar geheimnisvoll, undurchschaubar, unbegreiflich, aber eben ein Gegenüber: der Andere, der ganz Andere, der sich mir im Alltag in den verschiedensten Begegnungen zeigt oder aufscheint, den ich in den Phänomenen der Natur erahne, den ich aber auch in den dunklen und schmerzhaften, leidvollen Dimensionen des eigenen Lebens und der Welt nicht verstehe und durchschaue. Diese Phasen des geistlichen Entwicklungsprozesses kennen den Zweifel. Weil wir das, was wir erleben, nicht in unser Gottesbild einordnen können, beginnen wir an Gott zu zweifeln. Selten kommt jemand zu dem Schluss, dass etwas an seinem Gottesbild nicht stimmen könnte und er dieses verändern oder ganz aufgeben sollte. Dabei ist eines der ersten Gebote laut Altem Testament: »Du sollst dir kein Bildnis machen von Gott«.

In einem inneren Gebetsleben werden all diese Dinge mit ihm besprochen, erwogen, durchgebetet. Die Auseinandersetzung mit den Texten der Bibel, mit Schriften bedeutender geistlicher Meister können diesen Gebetsprozess inspirieren und verlebendigen.

Viele Gläubige bleiben in dieser Phase des Gebetsweges lebenslang. Doch manche werden an diesen bisherigen Formen des Gebetes, der Liturgie, der religiösen Praxis satt. Das geistliche Leben wird mühsam, brüchig, anstrengend, und es kostet große Mühe, es aufrechtzuerhalten. Man ist unkonzentriert, müde, findet keinen Geschmack mehr am gewohnten geistlichen Leben und macht sich deshalb auf die Suche.

Ein Wegschritt auf dieser Suche kann der Beginn des kontemplativen Betens sein. Das diskursive Beten mit seinen rationalen Überlegungen, intellektuellen Bemühungen kommt an ein Ende, und der Beter tritt in ein Schweigen vor Gott ein. Dieses Schweigen ist gekennzeichnet durch innere Stille, reine bewusste Gegenwärtigkeit, ein Verweilen in der »Leere«, aber mit innerer Offenheit auf die Weite Gottes hin. Sören Kierkegaard spricht davon, zu einem Gott Hörenden, Lauschenden zu werden. Es ist das Eintreten in ein Dunkel, in »die Wolke des Nichtwissens« und des Nicht-mehr-wissen-Wollens. Kontemplation ist ein waches, bewusstes, geistiges Dasein vor, in und mit Gott. Johannes vom Kreuz spricht von einem liebenden Aufmerken in die stille Gegenwart Gottes im eigenen Innen.

Manche schrecken vor diesem Schritt in die Dunkelheit, Leere, das Nichtwissen zurück und verharren meist ungesättigt in den verschiedenen Arten des Wortgebetes: Psalmen, freies persönliches Bittgebet, Lobpreis, Schriftlesung mit den gedanklichen Überlegungen, Erwägungen, Imaginationen zum Verständnis der Bibelstelle und den daraus folgenden Konsequenzen für das eigene Leben. Sie entwickeln sich nicht weiter, weil sie an der alten Form des Betens anhaften, festhalten und bleiben so auf dem Gebetsweg stehen, stecken. Entsprechend erleben sie ihr geistliches Leben oft als schal und leer, bis dahin, dass manche es ganz aufgeben und ihr Interesse am Religiösen mehr und mehr schwindet. Bisweilen finden sie aber auch keinen geistlichen Begleiter, der sie ermutigt, in dieser geistlichen Krise einen Schritt weiter zu gehen, und der ihnen sagt, dass Beten nicht bloß bedeutet, mit Gott zu reden oder sich Gedanken über ihn zu machen.

Es gibt aber auch Theologen, die davor warnen, in die »Leere« einzutreten, weil dies nicht christlich sei und Gefahren in sich berge. Gerade bei Menschen, die in freikirchlichen Gemeinden verortet sind, begegne ich immer wieder dieser Angst vor dem »Leerwerden« und den vermuteten Gefahren des Heidentums. Diese Unfreiheit findet sich aber auch in manch konservativen Kreisen der katholischen Kirche. Angst, Enge, Unfreiheit sind schlechte Berater, sie führen nicht in die Weite des Geistes. Biblisch gesprochen vergräbt man ein Talent, weil man Angst hat, dass es verloren gehen könnte, statt damit zu arbeiten. Wir alle sind in der Taufe zur Freiheit berufen. Wer aber den Mut hat, in diese beginnende Phase des kontemplativen Betens einzutreten, der erlebt oft die spürbare Nähe und Geborgenheit Gottes, ein Wohlgefühl und innere Andacht als Trost und den weiteren geistlichen Weg bestärkend.

Dieses Eintauchen in die innere Stille, das Dunkel der gestalt- und bildlosen Gegenwart Gottes, das Schweigen in Gott wird oft gestört durch Bilder, biografische Erinnerungen, Komplexe aus dem Psychischen. Die Psyche findet in diesem Raum der »Leere« Luft, nun all das, was unerledigt, verletzt, blockiert, verwundet, eiternd in ihr vorliegt, ins Bewusstsein zu schieben. Ähnlich ist es mit nicht gelebten oder nicht angenommenen Aspekten der eigenen Persönlichkeit, des eigenen Wesens, der tiefsten inneren Berufung.

Die verschiedenen Methoden der Psychologie können bei der Aufarbeitung dieser Themen helfen und damit den spirituellen Prozess unterstützen, wobei Kontemplation keine Psychotherapie ersetzt. Wir wenden uns Gott zu, weil wir Gott suchen und uns ihm öffnen wollen. Gott ist unser Ziel, nicht die körperliche oder psychische Gesundheit. Verändert sich an dieser Stelle durch die Kontemplation etwas zum Guten, so ist dies nur ein Nebeneffekt. Das kontemplative Gebet sollte nicht verzweckt werden.

All diese Dinge wollen und müssen oft in einem langen Prozess der Annahme, des Hinschauens, des Durchleidens bereinigt und integriert werden. Wer glaubt, sich den oft unangenehmen Dingen nicht stellen zu müssen, in der Hoffnung, die Kontemplation sei gleichsam ein Bypass, eine Umgehungsstraße, der bleibt normalerweise im geistlichen Wegprozess stecken. Der spirituelle Weg geht durch all das als ein Läuterungs- oder Reinigungsweg hindurch, nicht außen herum. Man muss lernen, ja zu sagen zu dem, der man ist und der man geworden ist, seine Berufung anzunehmen und ihr zu folgen, sich der Egomotive des eigenen Handelns bewusst zu werden und diese langsam loszulassen. Man muss lernen, Vertrauen zu entwickeln in die Vorsehung und Führung Gottes.

Wird aber diese Phase des kontemplativen Weges gemeistert und lassen die Störungen aus dem psychischen Bereich nach, so tritt man in die ruhigeren Fahrwasser der Kontemplation (Versenkung) ein.

Auch hier kann ein weiterer Reifungsschritt auf uns warten. Denn die bisher emotional als tragend empfundenen Gottesvorstellungen werden entleert. Viele spüren dann Gottes Nähe und Geborgenheit nicht mehr. Das erlebte Gegenüber entschwindet. Gott ist nicht das Gefühl, das man von ihm hat. Es kommt zu einer Entblößung, Entleerung der eigenen Gottesvorstellungen. Deshalb spricht Johannes vom Kreuz vom Nichts, vom *Nada*, ebenso wie Meister Eckhart sagt, man müsse Gottes »quitt werden«. Auch dieser Wegschritt ist oft schmerzhaft, da er den Kontemplierenden aus der Wohlfühlzone herausführt. Gott ist kein Gegenstand, der mir gegenübersteht wie ein Gegenstand in der

Schöpfung. Deshalb sprechen wir auch von gegenstandsfreier, ungegenständlicher, gegenstandsloser Meditation.

Alle Gottesvorstellungen sind immer menschliche Bilder, die versuchen, ihn in ein Bild, eine Vorstellung, einen Begriff zu fassen. Dabei spielt Projektion eine große Rolle. Es ist ein Zeichen geistlicher Reifung, wenn diese Projektionen durchschaut und aufgelöst werden. Zurück bleibt beim Beter eine Dunkelheit und eine Nacht, in der sich Gott aber noch einmal neu und ganz anders zeigen kann. Es geht um ein Eintauchen in die Essenz, das Geheimnis Gottes jenseits aller Vorstellungen und Empfindungen.

Wie wird dies erlebt? Martin Buber beschreibt es so: »Es ist dies, daß der Mensch aus dem Moment der höchsten Begegnung nicht als der gleiche hervorgeht, als der er in ihn eingetreten ist. Der Moment der Begegnung ist nicht ein ›Erlebnis‹, das sich in der empfänglichen Seele erregt und selig rundet: es geschieht da etwas am Menschen.«[15] Nun bleibt diese Beschreibung vielen Menschen verschlossen, weil sie immer noch auf etwas Bestimmtes hoffen, das sie sich vorstellen können. Und genau hier liegt die Schwierigkeit: Es bleibt alles, wie es ist und immer war – und doch wird da ein Moment sein, der anders ist als jeder bisherige, und das wird dem Einzelnen im Erleben bewusst. Dann erkennt man ihn oder es, den Unnennbaren, Gestaltlosen, Ewigen, Einzigen, Allesdurchdringenden. Auf der einen Seite braucht es die Sprache und die Begriffe, um das Erfahrene kommunizieren zu können. Aber gerade dadurch wird es verschleiert, verhüllt, weil es nicht mehr das unmittelbare Erleben ist. *Es* ist immer nur gegenwärtig.

Schwierigkeiten und Hindernisse auf dem Weg

Fehlendes Vertrauen

Kontemplation lebt von der inneren Hingabe. Jedenfalls ist das der Idealfall. Aus der Erfahrung mit der inneren Übung kennen wir jedoch Situationen, in denen uns diese Hingabe nicht möglich ist. Das hat Gründe, die ich hier näher beleuchten möchte.

Das kleine Kind ist arglos und vertraut bedingungslos. Die Psychologie spricht von Urvertrauen oder Grundvertrauen. Das Kind ist aber noch ganz abhängig von der Umwelt, von Menschen, die es versorgen. Das sind normalerweise die Eltern. Es braucht ihre Hilfe und Unterstützung. Werden die Bedürfnisse des Kindes durch die Eltern befriedigt, so wird dieses Urvertrauen bestätigt. Das Kind bildet die Überzeugung aus: Ich kann dem Leben vertrauen, ich bin getragen. Können aber die Eltern und das Umfeld nicht adäquat auf die Bedürfnisse des Kindes reagieren, wird dieses Grundvertrauen erschüttert. Das Kind fühlt sich nicht gehalten. Durch das Fehlen des äußeren Halts wird auch der innere Halt nicht mehr gefühlt und das Grund- und Urvertrauen tritt in den Hintergrund. Statt Halt, Sicherheit, Geborgenheit, Getragensein zu spüren, fühlt das Kind Haltlosigkeit, Unsicherheit, Angst, Alleinsein. Diese Gefühle sind für das kleine Kind noch viel existenzbedrohender als für einen Erwachsenen. So bildet es Mechanismen aus, die dabei helfen sollen, sich selbst zu halten, alles zu lassen, was diese existenzbedrohenden Gefühle fördert, und es beginnt sich und die Umwelt zu kontrollieren, sich dazu anzustrengen. Die bedingungslose Offenheit, ungeschützt einfach dem Leben zu vertrauen, tritt in den Hintergrund. Das Grundvertrauen wird gestört.

Damit ist der Grundstein gelegt, ein Ego und damit auch seine Persönlichkeit auszubilden. Dies ist zum einen unbedingt notwendig, aber der Prozess und wie er verläuft hängt wesentlich davon ab, wie stark die Empfindung dieses Urvertrauens durch solche Erfahrungen, aber auch durch die Erziehung im Lauf der Kindheit und Jugend in den Hintergrund tritt.

Diese Mechanismen, um sich selbst Halt zu geben, bleiben prägend für unsere Persönlichkeit und wir wenden sie auch im Erwachsenenalter immer wieder an. Typische Mechanismen sind:

- Wir kontrollieren das Leben, um uns selbst Sicherheit und Halt zu geben. Das ist sehr anstrengend, führt zu Anspannungen und Verspannungen in der Muskulatur. All diese Anstrengungen beziehen sich auf Vorstellungen, frühere Erfahrungen, die wir gemacht haben, auf Konzepte und Strategien, die in der Vergangenheit vielleicht einmal geholfen haben. Das Leben findet aber jetzt statt und ist nicht vergangenheitsorientiert. Es ist schöpferisch, lebendig, unerwartet, neu. Wir werden ständig vom Leben überrascht oder enttäuscht, denn es spielt nicht, wie wir es uns denken, wie wir es uns in unseren Vorstellungen, Konzepten und Strategien zurechtlegen. Deshalb funktioniert die Kontrolle nur sehr bedingt, weil sie sich viel zu sehr an der Vergangenheit ausrichtet und damit das Leben im Hier und Jetzt verfehlt. Wir sind damit nicht offen für das, was jetzt möglich wäre, erkennen die Chancen des Augenblicks nicht. Da wir dem Leben nicht trauen, geben wir ihm keine Chance, uns zu schützen und für uns zu sorgen, auf dass wir vom Leben selbst geführt werden.
- Das Zentrum unseres Bewusstseins wandert in den Kopf. Hier sind die meisten Sinnesorgane des Menschen angesiedelt. Wenn wir uns nicht getragen, sicher, geborgen fühlen,

sind unsere Sinnesorgane ganz offen, ganz angespannt, hochwach, auf der Hut, kontrollieren ständig. Wir sind stark außenorientiert und verlieren den Kontakt zu dem ruhenden Pol in uns. Hierin liegt auch ein Grund, warum sich viele Menschen nur schwer selbst spüren können. Erst, wenn Schmerzen auftauchen, wird der Körper spürbar.

- Wir versuchen, über das verstandesmäßige Verstehenwollen unsere Haltlosigkeit zu kompensieren. Wir glauben, dadurch, dass wir etwas genau benennen und in unsere Konzepte und Überzeugungen integrieren, seien wir sicherer. Das führt zu einer Dominanz des Verstandes, zu einer Identifikation mit den Konzepten und Überzeugungen unseres Denkens. Wir sind nicht mehr offen für das unmittelbare Erleben, alles wird sofort benannt und in die Schubladen unseres Weltverständnisses beziehungsweise Glaubensverständnisses eingeordnet. Verunsicherung wird unbedingt vermieden.

Diese Mechanismen tauchen auch in der Kontemplation auf. Wir kennen das ständige Benennen, Denken und Kommentieren dessen, was im Außen oder Innen während der Kontemplation geschieht. Wir versuchen alles in unsere Denkschubladen, in unser Glaubens- und Weltverständnis einzuordnen. Wir bewerten und gewichten die Phänomene.

So viele Menschen tun sich schwer im Wahrnehmen des eigenen Innen, des Atems, des Innenraumes. So viele üben angestrengt, wollen alles richtig machen und können sich dabei nur schwer selbst loslassen, ganz passiv werden und geschehen lassen, nur dessen gewahr werden, was ist. Wie oft sind wir mit unserem Denken in der Vergangenheit oder Zukunft und nicht im Verweilen und Wahrnehmen dessen, was jetzt gerade ist? Wie oft ersehnen wir bestimmte Gefühle? Andere lehnen wir ab, ja, wir gehen in Widerstand zu dem, was sich in uns zeigt, wie das Leben jetzt gerade spielt. Wie viele Menschen spüren unter Schmerzen ihre Anspannungen und Verspannungen?

Wir begegnen also in der kontemplativen Übung unbewusst diesen Mechanismen, um uns selbst Halt zu geben. Es ist wichtig, dass wir diese durchschauen und auch die Vergeblichkeit unserer Strategien erkennen. Sie schützen uns nicht wirklich vor der Haltlosigkeit. Wir können das Leben im Letzten nicht kontrollieren.

Da wir aber versuchen, uns selbst Halt zu geben, da wir nicht loslassen können aus Angst, wir könnten ins Bodenlose fallen, und da das Spüren des Urvertrauens in den Hintergrund getreten ist, können wir auch nicht erfahren, dass wir von etwas viel Größerem getragen sind. Es ist ein Teufelskreis: Weil ich ständig versuche, mir selbst Sicherheit und Halt zu geben, erfahre ich nicht, dass mich das Leben trägt. Und weil ich nicht erfahre, dass mich das Leben trägt, versuche ich immer mehr, mir selbst Sicherheit und Halt zu geben. Wir versuchen vergeblich, unser Leben abzusichern, und das sogar bis hin zu dem abstrusen Konstrukt einer Lebensversicherung, die ausgezahlt wird, wenn wir sterben.

Doch was sollen wir nun tun? Um zu der Erfahrung zu gelangen, dass wir im Tiefsten getragen, gehalten, geborgen sind, müssen wir loslassen, uns fallen lassen, ganz passiv und offen werden. Doch je offener wir werden, desto mehr kommen wir auch mit unserer Haltlosigkeit in Kontakt. Dies zeigt sich darin, dass Gefühle wie Unsicherheit, Orientierungslosigkeit, Angst, Vergeblichkeit, Nichtverstehen da sind, dass ein Gefühl des Fallens, der Dunkelheit, der Leere, des Nichts sich breitmacht. Dieses ganze Gefühlsspektrum wirkt bedrohlich und beängstigend. Unser Verstand sagt: Das ist gefährlich, geh da weg, lass davon ab, das führt zu nichts, das kann nicht die Lösung sein, das tut dir nicht gut.

Wenn wir dann aber den Mut haben, uns trotzdem auf diese Gefühle der Haltlosigkeit einzulassen, sie ganz bewusst im Körper spüren und tiefer hineingehen, dann kann es geschehen, dass sich das Erleben verändert. Plötzlich kann sich die Erfahrung einstellen: Ich falle nicht ins Bodenlose, sondern ich schwebe in einem weiten lichten Raum. Oder ich empfinde mich, als sei ich in einem angenehmen, dunklen, samtigen Raum. Andere sprechen von einer ungeahnten Geborgenheit, die sie empfinden, einem stillen inneren Glück. Auf einmal erleben wir uns als gehalten. Ruhe und Frieden breiten sich aus. Alles ist gar nicht mehr schlimm. Unser Verstand kann das nicht begreifen, denn es hat sich im Außen nichts verändert, aber das Erleben im Innen ist anders. Der Verstand versteht es nicht, doch die Seele fühlt sich wohl an diesem Ort.

Wir sind ganz bei uns und haben das Gefühl, es ist gut so, wie es jetzt ist. Der Verstand ist eher im Hintergrund. Im Empfinden zeigen sich Ruhe, Friede, Geborgenheit, Getragensein. Und dabei muss ich nichts tun, nichts leisten oder kontrollieren, sondern nehme mich einfach in dieser Seinsqualität wahr. Das heißt, ich bin einfach nur, ganz passiv, und alles ist gut.

Was wir da erleben, ist im Tiefsten nichts Neues. Wir hatten es immer schon in uns, es war nur in den Hintergrund getreten. Wenn wir ganz in diese Ungeborgenheit, Haltlosigkeit und Leere hineingehen, dann gibt es einen Umkehrpunkt, an dem sich alles wendet. Im Loslassen des letzten Halts, im inneren Kapitulieren kann nun der Leidende die unerwartete Erfahrung machen, dass er nicht ins Bodenlose fällt, sich nicht im Nichts verliert, sondern dass er sich eigenartigerweise getragen fühlt. Der Mensch muss erfahren, was ihn trägt, wenn er sich selbst nicht mehr tragen kann.

Die Wandlung unserer Persönlichkeit kann nur dort geschehen, wo wir zu diesem Urvertrauen zurückkehren, uns fallen lassen in den großen Grund, der uns trägt. Wer das erlebt und verinnerlicht, der kann dann auch im Alltag mehr und mehr loslassen, und es kommt zu einer langsamen Wandlung der Persönlichkeit. Plötzlich traue ich dem Leben und stelle fest, es fügt sich vieles von allein. Ich muss es nicht selbst tun. Vieles fällt mir zu, wie ein reifer Apfel, der vom Baum fällt. Gottes Vorsehung führt uns und fügt die Dinge. Es entsteht wieder das große Vertrauen, dass alles gut und im Letzten auch richtig ist. Eine gewisse Sorglosigkeit breitet sich aus. Man kann sich hingeben an das, was ist, und es auch lassen, wie es ist.

Dort, wo Menschen in eine große existenzielle Lebenskrise oder in Todesnot geraten, besteht die Chance, dass sie innerlich wirklich loslassen, nicht mehr versuchen, sich selbst Halt zu geben und dabei zu einer tiefen Seins- oder Wesenserfahrung durchbrechen. Diese Erfahrungen schenken Menschen die Gewissheit, getragen zu sein, über den Tod hinaus. Der Tod verliert in der Erfahrung das Bedrohliche. Er wird als ein Durchgang erkannt.

Die Begegnung mit dem Straßengraben

Kontemplation wird als Weg beschrieben. Wege, Straßen führen nicht nur nach oben oder nach unten, haben Kurven und Schlaglöcher, sondern auch Straßengräben. Hier möchte ich einige dieser »Gräben« bei der Kontemplation beschreiben.

Der erste Straßengraben ist so etwas wie ein großes Loch. Wir können ihn Lustlosigkeit, Überdruss, Antriebslosigkeit, Faulheit, Widerstand oder wie die Wüstenväter *Acedia* nennen. Diese allgemeine Lustlosigkeit, die sich mit einer bleiernen Schwere auf einen legt, kennt wohl jeder. Es fehlt einem jegliche Kraft, irgendwie dagegen anzugehen. Machtlos erliegt man dieser Faulheit, diesem Widerstand, bevor man sich überhaupt dagegen sträubt. Man ist lustlos und des Meditierens überdrüssig, man hat das Gefühl: Es reicht jetzt. Oder aber man ist einfach genervt. Im frühen Mönchtum wird dieser Zustand der Seele *Acedia* genannt. Da die *Acedia* oft um die Mittagszeit auftrat, sprechen die Mönche vom »Mittagsdämon«. Einige Merkmale dieser Seelenverfassung sind:

- Man schaut gelangweilt aus dem Fenster oder betrachtet etwas oder jemanden im Raum, man geht sozusagen auf Sightseeingtour, sucht sich ein Betrachtungsobjekt.

- Man fragt sich, wie lange es wohl noch geht, und schaut auf die Uhr.
- Körperlich sackt man in sich zusammen und kann sich kaum noch aufrecht halten.
- Man wird ärgerlich, dass man hier einfach nur rumhocken muss, und hat das Gefühl: »Das Ganze ist doch total sinnlos, das hält ja keiner aus!« Man fragt sich: »Wieso tue ich mir das nur an?«
- Es tauchen Überlegungen auf, dass der Kursort ungeeignet, der Meditationsraum blöd, die Luft zu stickig, die anderen Teilnehmer unmöglich sind.
- Man empfindet es überhaupt als zu laut im Haus, vor dem Meditationsraum, in der Gruppe. Da kann man nicht meditieren.
- Man muss ständig gähnen und nickt schließlich ein.
- Man hängt Fantasien nach: »Einen Kaffee trinken wäre jetzt gut«, »Ich könnte ins Schwimmbad gehen, eine Freundin besuchen ...«
- Man fragt sich, wie weit man auf dem geistlichen Weg schon gekommen ist und wie weit wohl die anderen sind.

Die innere Übung der Kontemplation ist einem also zuwider und man erliegt der inneren Antriebslosigkeit. Alles Üben ist einem gleichgültig; man ist unwillig, erneut das innere Verweilen zu suchen und zu schulen.

Wer mit diesem »Straßengraben« zu tun hat, der sollte wissen, dass diese Seelenverfassung ganz natürlich zum Weg und kontemplativen Prozess gehört. Man muss einfach hindurch und ihn aushalten. Jedes Weglaufen löst nichts, sondern schiebt nur das weitere Voranschreiten hinaus.

Den zweiten »Straßengraben« könnte man Fahrigkeit nennen. Dieser Zustand beim kontemplativen Üben ist weniger massiv wie der erstgenannte. Man ist nicht so müde, eigentlich auch nicht genervt und hält im Äußeren auch die meditative Körperhaltung aufrecht. Aber im Innern ist keine klare und bewusste Ausrichtung mehr da. Die kontemplative Übung läuft halbautomatisch weiter. Irgendwie spürt man noch den Atem und hört das mit dem Atem verbundene Gebetswort. Doch gleichzeitig hängt man irgendwelchen Überlegungen, Erinnerungen, Fantasien nach. Es ist, als würden in einem Kino zwei Filme gleichzeitig laufen. In unserem Geist sind irgendwelche Objekte aufgetaucht und wir lassen es bereitwillig zu, dass unser Geist sich damit weiter beschäftigt. So gehen wir dann in dieser Zeit einkaufen, planen den nächsten Urlaub, räumen die Wohnung um, machen uns Gedanken zum Betriebsausflug, überlegen die Geschenke für Weihnachten und so weiter. Unsere Achtsamkeit, Aufmerksamkeit, die innere wache und klare Ausrichtung darauf, sich zu spüren, die Offenheit für Gottes Gegenwart, das Verweilen im Augenblick und bei dem, was sich darin zeigt, ist nicht mehr vorhanden. Wir haben die eigentliche Übung einfach vergessen.

Menschen, die in ihrer kontemplativen Übung so weit fortgeschritten sind, dass sie das Gebetswort aufgegeben haben und von der kontemplativen Schulung her bereits fähig sind, ihren Geist ohne Mantra länger auf Gottes Gegenwart ausgerichtet zu halten, erliegen oft leichter diesem Fehler, weil sie innerlich nicht mehr das Festhalten an Atem und Wort haben. Wenn dieser Fehler bewusstwird, braucht es neue Ausrichtung. Eventuell kann es hilfreich sein, wieder einige Zeit mit dem Atem und dem Gebetswort zu üben. In den asiatischen Meditationsschulen spricht man in diesem Zusammenhang vom »Geist des Kriegers«, der hellwach und achtsam versucht, jeden auftauchenden Feind (Gedanken, Ablenkung, Bilder und so weiter) sofort bewusst wahrzunehmen, sich aber nicht von ihm besetzen oder abziehen zu lassen, sondern in der Ausrichtung zu bleiben. Der »Kampf« besteht darin, sich der im geistigen Vorraum wartenden Gedanken und Bilder bewusst zu sein, sie wahrzunehmen, aber ihnen nicht zu erliegen, ihnen nicht anzuhaften, sondern in der Achtsamkeit und Wahrnehmung der Ausgerichtetheit auf den Augenblick und auf Gottes Gegenwart zu verweilen.

Im frühen Mönchtum sieht man hinter diesen ablenkenden und besetzenden Gedanken, Überlegungen und Bildern die Leidenschaften des Mönchs. Weil er innerlich nicht wirklich frei von diesen ins Bewusstsein kommenden Objekten ist, verliert er sich an sie. Er gibt den Bildern bereitwillig Raum und ergeht sich im Genuss dessen, was er sich in seinem Geist bildhaft ausmalt. Im Buddhismus spricht man von der »Gier« des Menschen. Im frühen Mönchtum ist man noch davon überzeugt, dass diese auftauchenden Bilder und Gedanken von den Dämonen ins Bewusstsein geschoben werden, weil man sie eigentlich nicht möchte, sie aber dennoch plötzlich da sind.

Die moderne Psychologie sagt uns, dass dahinter energiegeladene Themen stecken, die aber im Unbewussten liegen, zum Beispiel unsere Triebe, Gefühle, Verletzungen, Bedürfnisse und so weiter. Die energiegeladenen Themen, Bilder, Begriffe und Objekte wirken wie ein Magnet auf die Eisenspäne. Unser Geist bleibt einfach daran hängen und fällt damit aus der bewussten Ausrichtung heraus. Je energiereicher das Objekt ist, desto stärker ist der Sog dieser Themen, Bilder und so weiter. Wir sind nicht frei. Ziel muss es sein, die Ladung, die Anziehungskraft dieser Themen zurückzunehmen.

Wenn ich zum Beispiel innerlich ständig mit meinem Chef in einem Streitgespräch bin, dann verbirgt sich vermutlich eine Verletzung, ein Gefühl der Wut, der Ohnmacht, der Trauer dahinter. Es ist dann wichtig, dass diese Verletzung heilt, dass ich dadurch davon frei werde und somit der Gedanke an meinen Chef nicht mehr in mein Bewusstsein treten muss.

Wichtig ist: Sollte man in diesen »Straßengraben« fallen, braucht es die erneute bewusste Ausrichtung auf den Augenblick, das erneute Hinhalten in Gottes Gegenwart, die erneute Zentrierung auf das Spüren und Wahrnehmen.

Die nächste Form von Straßengraben auf dem Weg der Kontemplation könnte man »absacken« nennen. Es begegnet einem, wenn man ganz ausgerichtet, ganz achtsam, ganz wach und bewusst ist. Doch dann verliert die Achtsamkeit, die Klarheit, Bewusstheit und Wachheit an Kraft: Wir werden schwach und sacken ab. Das hat noch nichts mit Gedanken zu tun, wenngleich sie untergründig mitschwingen können. Dieser Vorgang gleicht einem gespannten Bogen, der nicht in der Anspannung gehalten werden kann. Der Schütze gibt nach und verliert damit die Fähigkeit, das Ziel zu treffen. Zwar ist noch ein bestimmtes Maß an Achtsamkeit, Klarheit und Wachheit, Bewusstheit da, wie auch der Bogen noch nicht ganz schlaff ist, doch im Vorraum des Bewusstseins warten die Gedanken und können nun gleichsam durch die nicht mehr ganz verschlossene, sondern nur noch angelehnte Tür eintreten.

Oft merken wir es nicht einmal, dass wir in unserer inneren Ausrichtung an Kraft verlieren. Der erste Schritt, um diese leichte Dämmrigkeit, Kraftlosigkeit, dieses Erschlaffen der Bewusstheit, dieses Sinken ins eher Halbbewusste zu überwinden ist, es sehr klar wahrzunehmen und bewusst gegenzusteuern. Wird dieses subtile geistige Sinken, Absacken, Erschlaffen nicht identifiziert, nicht aufgedeckt, so wird unsere Übung fehlerhaft. Dieser Fehler ist oft schwer zu identifizieren, weil wir halbbewusst ausgerichtet bleiben. Bei aller Passivität, Gelöstheit, Entspannung und Leichtigkeit, die die Kontemplation auszeichnet, so ist sie doch eben alles andere als Schlaffheit, Trägheit, ein abgespanntes Sich-Hängenlassen, kein Baumeln der Seele.

In der geistlichen Schriftauslegung wird für diesen wichtigen Wegschritt in der Kontemplation immer wieder die Erzählung vom Wunder des auf dem Wasser wandelnden Petrus herangezogen. Diese Erzählung ist uns nur im Matthäusevangelium überliefert. Matthäus baut diese Geschichte in den Seewandel Jesu ein. Es heißt da: »Da antwortete ihm Petrus und sagte: ›Herr, wenn du es bist, so heiße mich zu dir auf das Wasser kommen.‹ Er aber sprach: ›Komm!‹ Und Petrus stieg aus dem Boot und schritt auf dem Wasser hin und kam auf Jesus zu. Als er aber den Wind sah, fürchtete er sich, und als er zu sinken begann, schrie er: ›Herr, rette mich!‹ Sogleich streckte Jesus die Hand aus, ergriff ihn und sprach zu ihm: ›Du Kleingläubiger, warum hast du gezweifelt?‹« (Mt 14,28ff). Wir können diese Geschichte nun als Gleichnis, als Bild für den inneren Prozess in der Kontemplation sehen. Solange Petrus ganz auf Jesus ausgerichtet bleibt, solange geht er nicht unter. Sobald er sich aber vom anbrausenden Wind und den Wellen in seiner Ausrichtung ablenken lässt, versinkt er im Wasser. Auf die Übenden übertragen: Solange wir ganz auf die Gegenwart Gottes ausgerichtet bleiben und uns nicht von den Gedanken und Überlegungen ablenken lassen, solange wir nicht innerlich erschlaffen und absacken, solange gelingt die Kontemplation und wir gehen nicht unter. Das Entscheidende ist diese ununterbrochene Ausrichtung auf Gottes Gegenwart und das sich wahrnehmende Verweilen im eigenen Körper.

Was dieser Erschlaffung entgegenwirkt oder aber unterstützend für die innere Ausrichtung sein kann, ist, wenn man auf äußere Haltung, auf Ordnung im Raum und am Meditationsplatz achtet. Die innere Entschiedenheit in der Zentrierung oder Sammlung drückt sich in einer entsprechenden körperlichen Aufrichtung und Haltung aus. Deshalb wird in verschiedenen asiatischen Meditationsschulen so großer Wert auf die Sitzhaltung, auf die Gebärden beim Gehen, beim Essen und so weiter gelegt. Diese Ritualisierung allen Tuns will die innere Übung stützen und fördern. Allerdings schafft das Einhalten eines äußeren Rituals allein noch keinen inneren Tiefgang.

Ein letzter »Straßengraben«, der hier angesprochen werden soll, ist gleichsam die natürliche Gegenreaktion auf die vorher beschriebenen Probleme der Übung: Man möchte nun alles richtig machen und strengt sich entsprechend an. Hinter dem zu starken Wollen steht ein entsprechend starkes Ich. Oft hört man in der Gruppe, wenn jemand diesem Fehler erliegt, ein lautes Atmen. Der Atem dieses Übenden fließt dann nicht mehr frei, sondern wird gezogen, gepresst. Dadurch ist es dem Übenden zwar leicht, ganz beim Atem zu sein, aber er ist im Tun. Sein Geist ist voll gebunden durch das Aktivsein. Das strengt auf Dauer an, ermüdet und führt zu Anspannung und Verspannung, aber auch irgendwann zur Erschlaffung und Ermüdung.

Die Kontemplation zeichnet sich jedoch dadurch aus, dass unser Geist mehr und mehr passiv wird, ganz offen ist, damit Gottes Gnade, Gottes Geist an ihm handeln kann. Es geht darum, vollkommen leer zu werden, damit wir von Gott geformt und gefüllt werden können. Deshalb ist es wichtig, die richtige Balance zu finden: den Geist willentlich vom Ego des Menschen aus steuernd in der bewussten Ausrichtung, Achtsamkeit, Aufmerksamkeit, Wachheit zu halten, den Gedanken und Bildern nicht anzuhaften, sie nicht weiterzudenken, eben bewusst nicht abzuschweifen auf der einen Seite und andererseits ganz passiv zu werden, den Willen und das damit verbundene Ego zurückzunehmen, ohne abzusacken, ohne aus der Wachheit und Bewusstheit zu fallen.

Die Übung gleicht mehr und mehr einem Seiltanz zwischen aktiv und passiv, oder, um beim Bild des Wegs und des Straßengrabens zu bleiben, einerseits steuernd die Zügel in der Hand zu halten und gleichzeitig innerlich alles geschehen zu lassen. Es ist normalerweise ein langes, mühevolles Hin- und Herpendeln, bis unser Geist, in großer Ruhe ausgerichtet, einfach nur verweilen kann.

Störung der Kontemplation durch Schmerzen

Je achtsamer jemand sich auf die Grundübung des Spürens und Wahrnehmens im eigenen Körper einlässt, desto mehr bewohnt er seinen Körper, desto mehr entwickelt er ein differenziertes und subtiles Körperbewusstsein und wird durchlässig für feine physische und seelische Empfindungen. Dabei werden wir uns unserer Körperempfindungen mehr und mehr bewusst. Es kann sich neben der Ruhe und dem Frieden plötzlich eine unbegründete tiefe Freude einstellen, die durch jede Pore des Leibes pulsiert und strömt. Überhaupt erfahren viele Menschen, die sich darauf einlassen, so achtsam in sich hineinzuspüren, oft recht bald die feine Wahrnehmung, dass in ihrem Körper Energie fließt. Es kann sich die Empfindung einstellen, dass man sich körperlich in der Muskulatur öffnet, weitet, löst. Das begründet nicht selten ein hochwillkommenes Wohlgefühl, ein stilles inneres Glück.

Aber durch diese Sensibilisierung der Körperwahrnehmung werden nicht nur die angenehmen Empfindungen von Körperwärme, Energieströmen und einer unmittelbaren Körperlust und Freude bewusst, sondern auch die Verspannungen, Verhärtungen, Blockaden, die Ursache von Schmerzen sein können. Da in unserer Kultur Schmerz und Leid, wenn irgend möglich, vermieden oder verdrängt werden, wissen wir nur schwer mit dem Schmerz umzugehen.

Zunächst können wir feststellen, dass die Schmerzen verschiedene Ursachen haben. Leiden wir an einer organischen Erkrankung, so ist es Aufgabe des Arztes, uns durch Heilung des Organs den Schmerz zu nehmen. Es ist eine große Hilfe, dass uns heute durch die Erkenntnisse der modernen Medizin und Pharmazie Schmerzmittel zur Verfügung stehen, um das Leiden zu begrenzen. Wer lässt sich heute beim Zahnarzt nicht betäuben, bevor dieser bohrt oder einen Zahn zieht? Welch ein Fortschritt stellen Narkosen in den Operationssälen dar! Organische Erkrankungen können also von einem Arzt behandelt werden – ob schulmedizinisch oder alternativ ausgebildet.

Eine weitere Ursache für Schmerzen ist oft die ungewohnte Körperhaltung über lange Übungszeiten hinweg. Anfänger haben häufig Schmerzen im Spann des Fußes, oder die Knie tun ihnen gegen Abend einfach weh. Diese Schmerzen legen sich nach einer Gewöhnungsphase. Wer darunter leidet, der sollte den Sitz beziehungsweise die Sitzhaltung wechseln und damit den Schmerz vermeiden.

Die meisten Schmerzen, die im Rahmen der Kontemplation auftreten, sind jedoch nicht in körperlich-organischen Erkrankungen begründet, sondern oft Ausdruck von geistigen oder seelisch-psychischen, aber auch geistlich-spirituellen Verkrampfungen, von Fehlhaltungen, nämlich Abwehr und Verdrängung.

Lassen Sie mich dies an einem Beispiel verdeutlichen: Viele Menschen leiden unter sogenannten Verspannungen im Schultergürtel, die verschieden verursacht sein können, zum Beispiel durch eine ungesunde Sitzhaltung am Arbeitsplatz. Aber oft haben sie auch ihren Grund darin, dass jemand ständig die Schultern hochzieht und die Muskulatur in diesem Körperbereich verhärtet und verschlossen ist. Dahinter steht häufig eine in der Lebensgeschichte begründete Angst und Sorge vor einer Verletzung oder ein Misstrauen gegenüber dem Umfeld oder dem Leben selbst. Weil man immer wieder leidvolle Erfahrungen machen musste, ist man ständig in einer Hab-Acht-Stellung. Es könnte ja wieder etwas passieren, es könnte eine neue schmerzverursachende Situation entstehen und deshalb hat man das Gefühl, jederzeit zur Abwehr bereit sein zu müssen.

Das Vertrauen in das Leben und die Mitmenschen ist in den Hintergrund getreten oder ganz verloren gegangen, stattdessen ist man beherrscht von einer Unsicherheit und Angst vor Bedrohung oder vor dem Unerwarteten. Man geht nicht mehr frei und gelassen durch das Leben, sondern eben angespannt, eingeengt. Diese Anspannung führt auf Dauer zur Verspannung und Verkrampfung im Körper und wird zur normalen Haltung, Lebensgrundhaltung. Die Anspannung fleischt sich ein und wird chronisch. Gerade Schmerzen in den Schultern, im Rücken, im Nacken rühren meist von solchen emotionalen Verfestigungen und Erstarrungen her. Der Volksmund kennt den Begriff der »Hartnäckigkeit«, wenn sich Menschen in Widerspenstigkeit, in Trotz und Abwehr dem Leben und der Welt entgegenstemmen. Verspannungen sind somit häufig auch Ausdruck von Fehlhaltungen des Ichs gegenüber dem Leben und dem tieferen Wesen des Menschen.

Wenn nun der Hausarzt eine Spritze gegen solch einen starken Schmerz verabreicht oder eine Physiotherapie verschreibt und die entsprechenden Stellen massiert werden, mag das Erleichterung bringen und die Beschwerden lindern, aber eigentlich müsste tiefer angesetzt werden. Ziel wäre, wieder mehr Vertrauen ins Leben und das Umfeld zu finden und an der empfundenen Unsicherheit oder Angst zu arbeiten, den Mut zu entwickeln, wieder mit weniger Kontrolle zu leben, was meist auch bedeutet, weniger kopfgesteuert zu sein. Ein Mensch, der voll Vertrauen und sicher durchs Leben geht, dessen Schwerpunkt ruht gelassen im Becken. Es geht also um das Loslassen des Festgehaltenen, darum, sich ins Vertrauen fallen zu lassen, den eigenen Schwerpunkt vom Brustkorb, Schultergürtel und Nacken wieder in den Beckenraum zu verlagern und zu einer natürlichen Aufrichtung der Wirbelsäule zu kommen. Wie oft sind diese Menschen auch in ihrer Haltung zusammengesackt, gebückt, starr und unbeweglich. Soll es nicht nur um eine oberflächliche Symptombehandlung gehen, so müsste an der deformierten Haltung und Gebärde des Körpers, die auch Ausdruck von seelischen Zuständen ist, gearbeitet werden. Dadurch würde sich das Lebensgefühl verändern und sich eine neue Einstellung zum Leben und zur Welt auftun. Das bedeutet, dass es nicht nur um ein Arbeiten an der Muskulatur geht, sondern um ein ganzheitliches Vertrauen in das Leben selbst. Hier zeigt sich die Verschränkung von Körper,

Geist und Seele. Alles hängt miteinander zusammen, und wenn ich in einem Bereich etwas verändere, so hat dies Auswirkungen auf die anderen Bereiche. Oder, noch einmal anders formuliert: Die geistige Umkehr beginnt in der achtsamen Veränderung der Körperhaltung und bringt damit die geistige in Fluss.

Ein anderes Thema, das damit zusammenhängt, ist, dass der moderne Mensch meist wenig Bewusstheit im Rücken hat, ihn nicht wirklich bewohnt und lebendig spürt. Er nimmt ihn erst wahr, wenn dort Probleme auftreten und Schmerzen spürbar werden. Das hängt damit zusammen, dass die meisten Menschen nur nach vorn ausgerichtet sind, das heißt zielorientiert, leistungs- und ergebnisbezogen, rational ausgerichtet, aber eben nicht umfassend, ganzheitlich, mehrdimensional, leiblich. Die unsichtbare Seite der Wirklichkeit bleibt ausgeblendet.

Nun ist in einem ersten Schritt im Umgang mit solchem Verspannungsschmerz schon viel erreicht, wenn wir diese unangenehme Empfindung nicht mehr abblocken, uns nicht weiter wehren und damit anspannen, versperren und verkrampfen, sondern beginnen, sie achtsam zuzulassen und von innen her liebevoll wahrzunehmen. Wir können uns dazu fragen: Wie fühlt sich mein Schmerz wirklich an und wo nehme ich ihn eigentlich wahr? Ist es ein feuerartiges Brennen, ein Stechen, ein dumpfer Druck, ein Klopfen, ein Spannen? Ist er punktuell oder belegt er eine Fläche?

Ich selbst kenne Schmerzen in meinem Körper, die sich, sobald sie auftreten und von mir liebevoll von innen angenommen werden, verändern oder bisweilen ganz verschwinden. Dazu muss ich aber in den Schmerz hineingehen, ihn bejahen, ihn zulassen und durch ihn hindurchgehen. Wenn allerdings der Zahn wehtut, muss ich zum Zahnarzt gehen – in den Schmerz hineinzugehen, würde nichts nützen.

Eine weitere Form von Schmerz kann in der Kontemplation dann auftreten, wenn aus dem Unbewussten Verdrängtes aufsteigen will. Da ich diese Dinge aber schon immer unter der Decke gehalten habe, weil sie mir unangenehm sind, weil ich mich damit nicht auseinandersetzen will, weil es mir so peinlich ist und ich es selbst nicht an mir akzeptieren kann, deshalb hilft mir nun der furchtbare Schmerz in einem meiner Glieder, mich damit wiederum nicht zu beschäftigen. Ich schaue auf den Schmerz, statt mich dem ins Bewusstsein drängenden Verdrängten zuzuwenden. Ein Kennzeichen solchen Verdrängungsschmerzes ist es, dass er nach dem Aufstehen von einer Kontemplationseinheit im Sitzen sehr schnell verschwindet.

Wenn ich offen und achtsam in meinen Körper hineinspüre, mich ganz der Gegenwart Gottes hinhalte, kann es aber auch passieren, dass ich dann in mir entdecke, wo ich überall nicht durchlässig, nicht offen bin. Wenn ich genau hinspüre, merke ich, dass ich mich vielleicht nicht nur nicht öffnen kann, sondern es im Tiefsten auch nicht will. Verwandlung, Verklärung hat damit zu tun, dass wir uns immer mehr für den göttlichen Gnadenfluss öffnen und so ganz durchlichtet, verklärt werden. Erlösung geht durch den Leib. Deshalb spielt er in der christlichen Theologie auch eine so bedeutende Rolle. Bisweilen beginnt die Umkehr des Menschen im Körper, in der Körperhaltung, im Bewohnen, im Bewusstwerden des Körpers.

Vom permanenten Denken zu stiller Präsenz

Wir alle kennen den Raum der rastlosen Gedanken. In einem nicht enden wollenden Strom drängt sich uns ein Gedanke nach dem anderen auf, eine Überlegung jagt die nächste, jede Erinnerung mit den damit verbundenen inneren Bildern und Gefühlen löst eine weitere Assoziation aus. Oft sind wir nicht wirklich aktiv, sondern die Gedanken stoßen uns eher zu, so wie wir sagen: »Da fällt mir ein ...«. Dieses Plappern mit sich selbst erleben wir bei vielen Verrichtungen des Alltags: beim Autofahren, Spazierengehen, beim Joggen. Wir kennen es allerdings auch aus der

Kontemplation, und da stellt es eine große Hürde dar. Es zeigt, dass unser Geist ununterbrochen aktiv ist, sich ständig ziellos mit Impulsen aus dem chaotischen Unbewussten beschäftigt beziehungsweise davon überschwemmt wird, wobei die Inhalte dieser Gedanken allermeist wieder im unbewussten Vergessen verschwinden. Dieser Denkbrei verursacht nicht nur inneren Lärm, sondern engt uns auch ein. Bei genauerem Betrachten dieses Gedanken- und Bilderstroms erkennen wir, dass er unsere eigene innere Verfasstheit widerspiegelt. Wir werden konfrontiert mit inneren Spannungen, Sehnsüchten, Hoffnungen, Wünschen, Ängsten, Sachverhalten, die wir nicht akzeptieren, häufig, weil wir nicht mit uns selbst identisch sind. Die frühen Mönchsväter erkannten deshalb das Streunen oder Vagabundieren des Geistes als Ausdruck der Leidenschaften des Menschen.

Die Übungsanweisung, um dieses ständige innere Geschwätz in der Kontemplation zu beenden, ist, den Fokus des Bewusstseins auf die Wahrnehmung zu lenken. Dabei ist die Beobachtung des Atems und das innere Hören auf das mit dem Atem verbundene Gebetswort eine über Jahrhunderte bewährte Methode, das Bewusstsein in der Wahrnehmung zu binden. So können wir den Gedankenfluss beruhigen und teilweise unterbinden. Wir finden diese Methode in den verschiedensten religiösen Traditionen: im Hinduismus mit seinen Mantren, im Islam, im Amida-Buddhismus Japans, im Zen mit dem Koan Mu, in der ostkirchlichen Praxis des Jesusgebetes.

Dann kennen wir aber auch Gedanken, die stark von Gefühlen befeuert werden und meist einen besetzenden Charakter haben. In einem solchen Fall ist es wichtig, diesen Gefühlen in ihrer körperlichen Resonanz Zuwendung und Achtsamkeit zu geben, indem wir sie im Körper spüren und sie in Gottes Gegenwart halten, auf dass uns von dort aus Wandlung geschieht und sie sich verändern. Dieses Spüren beziehungsweise Wahrnehmen bedeutet aber nicht, weiter darüber nachzudenken, sondern von der Ebene des Mentalen auf die Ebene der Körperwahrnehmung zu wechseln.

Generell sind Erinnerungen allermeist mit Gefühlen verbunden. Lassen Sie mich das an einem kleinen persönlichen Beispiel aus meiner Kindheit verdeutlichen: Im Haushalt meiner Eltern lebte der Patenonkel meiner Mutter mit. Eines Abends, als bereits die Dämmerung einsetzte, ging ich mit ihm die Straße im Ort entlang. Am Straßenrand waren Hecken, Gebüsch, ein brach liegender Streifen, in dem man bei Dunkelheit Glühwürmchen beobachten konnte. Der Onkel zeigte mir diese, und die große Frage des kleinen Jungen war, ob sie wohl alle eine ganz kleine Laterne bei sich hätten. Ich weiß nicht mehr, wie der Onkel mir das Naturphänomen erklärt hat. Diese Erinnerung hat aber nicht nur einen rationalen Aspekt in dem Sinn: Wie kommt das Leuchten dieser Insekten zustande? Diese Erinnerung klebt gleichsam an einer emotionalen Qualität, denn dieser Onkel zeigte dem kleinen Jungen die Welt und was es darin alles zu entdecken gab. Er hielt mich an seiner warmen Hand und vermittelte mir ein Grundgefühl, das geprägt war von Geborgenheit, Zugehörigkeit, Wohlwollen, Liebe – eine wohlige, warme Gestimmtheit. Da er gerne Zigarren rauchte, hatte er immer einen ganz bestimmten Geruch an sich.

Wenn ich das jetzt erzähle, so ist mit der Erinnerung auch diese Gefühls- und Sinnenwelt wachgerufen, ja leiblich spürbar, als wäre ich gerade mit diesem Patenonkel meiner Mutter unterwegs. Unsere Seele ist nicht an Raum und Zeit gebunden. Sie lebt und atmet in der Zeitlosigkeit. Gerade bei sehr belastenden seelischen Erfahrungen kann es in der Begleitung richtig sein, Betroffenen zu sagen, dass das, was sie da seelisch gerade empfinden, so war, aber nun vorbei ist. Bisweilen muss man der Seele mit der Ratio helfen, in die Gegenwart, ins Hier und Jetzt zurückzukehren.

Die Meister der Kontemplation lehren, dass es wichtig ist, diese Räume zu durchschreiten, um in einem neuen Raum klarer Bewusstheit oder Präsenz einfach nur zu verweilen. In der »Kleinen Philokalie« heißt es dazu: »Entferne die zerstreuenden Gedanken aus deiner Vorstellungswelt und lege alle irdischen Sorgen ab; denn sie stören dich und schwächen deine Kraft«; »Das Gebet verlangt frei sein von jedem Gedanken«; »Darum suche zur Zeit des Gebetes unter keinen Umständen nach einem Gedankenbild«; »Glückselig der Verstand, der im Gebet vollkommenes Schweigen beachtet.«[16] Aber wie kommt man dorthin?

Wichtig ist, sich nicht willentlich anzustrengen, sich zu konzentrieren. Konzentration versucht meist mit Willensanstrengung etwas zu verhindern, zu unterdrücken, zu erreichen. Entsprechend ermüdend, kräftezehrend sowie willensbetont wird dann die Übung mit den entsprechenden muskulären Anspannungen bis hin zu schmerzhaften Verspannungen. Nicht das aktive Bekämpfen der schwirrenden Gedanken ist die Lösung – sie werden durch das mentale Bekämpfen eher aufgestachelt und stärker. Stattdessen ist es klüger, das Bewusstsein von den Gedanken abzuwenden und in einen offenen Raum der seelischen Wahrnehmung zu führen.

Es lässt sich beobachten: Je mehr jemand nicht eins mit sich ist, weil er eine Eigenschaft, ein Verhalten an sich nicht akzeptieren kann oder er sich nach einem Talent oder einer Eigenschaft sehnt, die er nicht besitzt, desto größer ist der Gedankenfluss. Mit dem Gedankenfluss verbindet sich eine Anspannung, Spannung in der Muskulatur, die bei genauem Hinspüren auch im Körper wahrgenommen werden kann. Man kann einen inneren Zusammenhang zwischen Gedankenfluss, innerkörperlicher Spannung, Verspannung, Verkrampfung und Eigenakzeptanz feststellen. Je mehr man sich annehmen kann, je mehr man sich entspannt und sich loslassend wahrnimmt, desto mehr bleiben die Gedanken fern. Man ruht dann gleichsam in sich, bewohnt sich. Die Eigenakzeptanz kann verhindert sein durch Probleme im äußeren Umfeld des Menschen, also auch durch Themen im eigenen Innen, zum Beispiel, dass ich mein Denken nicht abstellen will und nicht abstellen kann.

Daher ist es wichtig, einfach gelöst in den Raum in mir und um mich mit großem Vertrauen hineinzuspüren und das Vertrauen zu haben, dass alles gut ist und ich von Gottes Gegenwart, Segen, Wohlwollen, Liebe umfangen bin. Wenn es gelingt, sich ganz Gott zu öffnen und zu überlassen, sich ihm hinzugeben, muss ich mir über mich, die Welt, meinen Weg und mein Schicksal keine Gedanken mehr machen. Ich denke dann nichts mehr, formuliere nichts innerlich mit Worten und in Sätzen, sondern verweile nur in dieser Offenheit und halte den Fokus des Bewusstseins auf der Wahrnehmung, dem Spüren in Gottes Gegenwart. Dann hört das endlose Geplapper unserer Gedanken auf. Die französische geistliche Schriftstellerin Simone Weil sagt dazu: »Die von jeder Beimischung ganz und gar gereinigte Aufmerksamkeit ist Gebet.«

Vor einiger Zeit meinte ein Kursteilnehmer: »Am besten meditiere ich, wenn ich eigentlich nicht meditiere.« Er war ein Ordensangehöriger. Für ihn ist das einfache Verweilen in der Kirche nach der Komplet ein solcher Moment. Er ist geprägt von keinem willentlichen Impuls, jetzt »richtig« gedankenfrei meditieren zu wollen, sondern vom einfachen Verweilen im Augenblick und dem absichtslosen Präsentsein im Nachhall der vorhergehenden Gebetszeit. Dieses absichtslose wache, bewusste Dasein zeichnet auch die gelöste Kontemplation aus.

Das Phänomen des Widersachers

Karlfried Graf Dürckheim nennt unter anderen Charakteristika für eine mystische Erfahrung auch eines, das zunächst etwas seltsam anmutet: das Auftreten des »Widersachers«. Damit ist gemeint, dass nach einer solch mystischen Erfahrung häufig Ereignisse eintreten, die diese numinose Erfahrung torpedieren, hintertreiben, vergällen, massiv in Zweifel ziehen, beschädigen wollen. Dieses Kriterium scheint uns fremd, ja erschreckend und es wird auch in der bisweilen beschönigenden esoterischen Literatur nicht genannt. Dennoch ist es in der biblischen Überlieferung präsent, wird aber in der Verkündigung kaum thematisiert. Ich möchte dies anhand der Erzählungen der Evangelien verdeutlichen.

Die drei synoptischen Evangelien (Matthäus, Markus und Lukas), die in einer starken inneren Abhängigkeit zueinander stehen, berichten von der Taufe Jesu im Jordan durch Johannes den Täufer. Diese Taufe steht am Beginn des öffentlichen Wirkens Jesu und lässt ihn in einer tiefen Erfahrung erkennen, dass er Gottes geliebter Sohn ist. Die Evangelien malen diese innere Erkenntnis Jesu in äußeren Bildern: im Herabkommen des Heiligen Geistes in Form einer Taube und der göttlichen Stimme, die aus dem Himmel spricht. Auf dem Hintergrund einer kontemplativen Praxis und Erfahrung können wir vermuten, dass dahinter eine tiefe mystische Erkenntnis Jesu stand: Er wird sich seiner Göttlichkeit, seiner Einheit mit dem Vater bewusst.

Unmittelbar danach, so führen die Texte der einzelnen Evangelien aus, geht Jesus von Gottes Geist gedrängt in die nahe Wüste. Ganz offen für diese göttliche Dimension seiner eigenen Existenz, die er erfahren hat, gehorcht er dem inneren Ruf und zieht sich für vierzig Tage fastend in die Einsamkeit, in das Alleinsein in der kargen Natur der Wüste zurück. Fasten, Alleinsein, Stille und Schweigen intensivieren die innere Durchlässigkeit, lassen feinfühliger und empfänglicher werden, gerade auch für die spirituelle Dimension des Lebens. Diese Zeit stellt gleichsam eine Vorbereitungszeit auf sein öffentliches Wirken dar. Die Exegeten sehen in der Zahl vierzig natürlich auch eine Anlehnung an die vierzig Jahre, die das aus Ägypten ausziehende Volk Israel in der Wüste verbracht hat und die als eine Zeit der besonderen Nähe Gottes verstanden wird.

Das seltsame an diesen Berichten von Jesu Aufenthalt in der Wüste ist nun, dass er in der Einsamkeit und Zurückgezogenheit nicht himmlischen Visionen, göttlichen Gnaden, besonderen religiösen Erlebnissen oder spiritueller Beglückung begegnet, sondern vom Teufel in Versuchung geführt wird. Der Begriff

»Teufel« ruft bei jedem von uns Bilder aus der Kunstgeschichte wach, die schnell die damit gemeinte Wirklichkeit verstellen. Versuchen wir, diese Bilder eher beiseitezulassen und uns dem damit benannten Phänomen zuzuwenden. Jesus wird mit dem Thema der Macht in den verschiedensten Facetten – politische Macht, außergewöhnliche Fähigkeiten, Wunderkraft – konfrontiert. Die Berichte der drei synoptischen Evangelien kennen also dieses Phänomen einer tiefen geistlichen Erfahrung und den darauffolgenden Auseinandersetzungen mit der Versuchung, dem Widersacher, der Gegenmacht, und der daraus resultierenden Gefahr der Korrumpierung der ursprünglichen Gnade dieser tiefen geistlichen Erfahrung.

Da diese beiden Ereignisse – Taufe Jesu und die Versuchungsgeschichte – in der Liturgie in getrennten Leseabschnitten an verschiedenen Sonntagen im Jahreskreis vorgetragen werden, sind sie in ihrem Zusammenhang nicht wirklich im Bewusstsein der Gläubigen. Die Taufe Jesu schließt in der sonntäglichen Leseordnung den weihnachtlichen Festkreis ab und wird an einem Sonntag im Januar vorgetragen. Die Versuchungsgeschichte folgt meist am ersten Fastensonntag im Februar oder März, sodass der innere geistliche Zusammenhang dieser beiden Ereignisse verloren geht beziehungsweise in der Predigtauslegung nicht thematisiert wird.

Nun schaue ich gern über den christlichen Tellerrand hinaus. Ich habe mich gefragt: Finden wir dieses Thema des Widersachers beziehungsweise des Gegenpols in solchen Zusammenhängen auch in anderen spirituellen Traditionen? Denn geistliche Gesetze sind ähnlich wie Naturgesetze universal und nicht an eine bestimmte Religion oder Konfession gebunden.

Bei Reshard Feild, einem englischen Sufi, der eine ganze Reihe von Büchern veröffentlicht hat, findet sich in seiner Schrift »Die innere Arbeit« eine interessante Parallele. Er spricht davon, dass ein »heiliger (göttlicher) Impuls« eine neutrale Energie, eine tragende Kraft darstellt, die zum Wohle aller und dem Guten dienen oder aber auch für eigene Zwecke missbraucht werden kann. Er meint: Wenn ein heiliger Impuls auftritt, entsteht auch immer das potenzielle Gegenteil. Diesen heiligen Impuls rein und unverfälscht zu halten, ist eine wichtige Aufgabe. Das Gelingen dieser Herausforderung hängt wesentlich vom Grad der eigenen inneren Reifung und von der Reinheit des Begnadeten ab.

Auf diesem Hintergrund können wir die Erfahrung Jesu nun vielleicht tiefer verstehen. Als ganz normaler Mensch aus Fleisch und Blut, Kind seiner Zeit und Kultur, öffnet sich ihm diese eigene göttliche Dimension und er erkennt sein tiefstes göttliches Wesen, das, was die Schrifttexte mit den Worten »Du bist mein geliebter Sohn« ausdrücken. Darin erfährt er gleichsam auch seine Berufung, seine tiefste Bestimmung. Diese Erkenntnis ist verbunden mit einer Flügel verleihenden Energie und Kraft, die ihn in die Einsamkeit der Wüste führt. Dort begegnet er der großen Versuchung der Macht, die ihm im biblischen Bild des Widersachers oder Teufels entgegentritt.

Interessanterweise sagt der Evangelist Markus in seiner sehr kurzen Version dieser Versuchungsgeschichte nur: »Er war in der Wüste vierzig Tage, versucht vom Satan, und war mit den Tieren.« Diese Tiere können als real verstanden werden, aber auch im übertragenen Sinn: Tiere stellen in der Traumsymbolik oft triebhafte Aspekte der eigenen Psyche dar. Diese widerstrebenden Aspekte in Jesus selbst muss er integrierend meistern. Das Interessante an dem Dialog Jesu mit dem Teufel ist, dass er argumentativ – gleichsam auf Augenhöhe –, nicht verfluchend, niedermachend, bestrafend, gestaltet ist.

Nach den Beschreibungen der Evangelien widersteht Jesus diesen Versuchungen, sodass nach Matthäus und Markus Engel kommen, also positive, stärkende Kräfte, und ihm dienen. Lukas berichtet, der Teufel habe für eine gewisse Zeit von ihm abgelassen, was besagen würde, dass das Thema Macht nicht endgültig für Jesus aus der eigenen inneren Welt und Versuchbarkeit geschafft war, zumal sein späteres öffentliches Wirken sehr wohl Machttaten kennt: »Zeichen«, wie die Evangelien es nennen, »Wunder«, wie wir diese Machttaten nennen. Aber Jesu Handeln bleibt in seinem Motiv rein und wird nicht korrumpiert durch Eigeninteressen, Selbstsucht, Machtzwecke des Egos für persönlichen Gewinn und Prestige. Im Hebräerbrief lesen wir: »... der in allem wie wir versucht worden ist, aber nicht gesündigt hat« (Hebr 4,15). Ich persönlich denke, dass diese hohe innere Bewusstheit, Lauterkeit, Reinheit, ganz dem Willen des »Vaters« ergeben zu sein, ihn letztlich befähigte, zu dem zu werden, der er für uns geworden ist. Jesus verfällt eben nicht dem machthungrigen Schatten oder der Egoinflation, sondern stellt seine spirituelle Macht in den Dienst zum Heil des Menschen. Einen ähnlichen Prozess könnte man aus der Erzählung von der Verklärung auf dem Berg Tabor und dem anschließenden Abstieg ins Tal sowie dem Weitergehen nach Jerusalem herauslesen.

Ein weiterer nichtchristlicher Autor, der diese Thematik benennt, ist Sri Aurobindo, einer der großen indischen Weisen des vorigen Jahrhunderts. Er spricht davon, dass ein Mensch in einem längeren Bewusstwerdungsprozess seine innere Berufung erkennt und dadurch eine einmalige Aufgabe in der Evolution übernimmt. Er wächst so zu einem Menschen mit »innerem Format« heran, dessen Leben von einem immer klarer werdenden roten Faden und einer immer deutlicher werdenden Dynamik durchzogen wird. Dann sagt er wortwörtlich: »Und zur gleichen Zeit, da wir unseres Zieles gewahr werden, entdecken wir eine besondere Schwierigkeit, die gleichsam die Umkehrung dieses Zieles ist oder ihm widerspricht. [...] Es tritt eine Kraft auf [...], sobald er mit dem Versuch einer Verwirklichung beginnt. Sie scheint den Auftrag zu haben, sich ihm in den Weg zu stellen, ihn zum Straucheln zu veranlassen und fehlerhafte Bedingungen hervorzurufen, kurz, die ganze Problematik der Aufgabe, mit der er begonnen hat, vor ihm aufzurollen.«[17]

Sri Aurobindo stirbt 1950 und seine Nachfolgerin in der Leitung des Ashrams und seiner Schülerschaft formuliert es noch einmal anders beziehungsweise folgert in einem Umkehrschluss: »Wenn ihr die Möglichkeit eines Sieges verkörpert, tragt ihr immer das in euch, was diesem Sieg entgegengesetzt ist, und werdet ewig davon geplagt. Wenn ihr irgendwo einen sehr dunklen Schatten seht, eine wirklich bedrückende Schwierigkeit, könnt ihr sicher sein, dass die Möglichkeit des entsprechenden Lichtes in euch liegt.«[18]

Was bedeutet dies für unseren eigenen kontemplativen Weg? Zum einen scheint mir die Erkenntnis wichtig zu sein: Je tiefer ich im kontemplativen Prozess unterwegs bin, desto mehr werde ich auch mit den Gegenkräften zu tun bekommen. Es wird nicht immer alles leichter, schöner, problemloser, heller. Deshalb darf man sich nicht irremachen lassen, wenn Schwierigkeiten, Probleme, Leiden auftreten oder einem zusetzen. »Wer mir nachfolgen will, der nehme sein Kreuz auf sich«, sagt Jesus.

Auch er geht einen radikalen geistlichen inneren Weg, der von Widerständen gekennzeichnet ist und der in der äußeren physischen Katastrophe am Kreuz endet, aber gerade darin einen Durchgang zur Auferstehung findet: »Keiner erreicht den Himmel, der nicht die Hölle durchschritten«, sagt Sri Aurobindo.[19] In der alten Formulierung des Glaubensbekenntnisses sagen wir: »hinabgestiegen zur Hölle«. Ähnliches findet sich im 2. Korintherbrief des Paulus, wo er im 12. Kapitel von seinen mystischen Erfahrungen schreibt, dann aber im Vers 7 von einem »Stachel in seinem Fleisch«, einem Satansengel berichtet, der ihm massiv zusetzt.

Leider ist dieses Thema in der normalen christlichen Verkündigung so gut wie nicht vorhanden. Es scheint nicht in die Rede vom »lieben« Gott zu passen. Probleme und Leiden sind aber als Katalysatoren für eine innere Reifung und geistliche Entwicklung zu verstehen. Doch diese muss jeder selbst bewältigen – keiner kann sie einem anderen abnehmen.

Kontemplation im Alltag

Anregungen für den Alltag

In den »Erzählungen der Chassidim« erzählt Martin Buber die Geschichte vom Rabbi Eisik, dem Sohn Rabbi Jekels in Krakau. Er hatte einen Traum, in dem ihm gesagt wurde, er solle nach Prag gehen und dort an der Brücke, die zum Königsschloss führt, nach einem Schatz suchen. Als er zum dritten Mal den gleichen Traum hatte, machte sich Rabbi Eisik auf und wanderte nach Prag. Aber an der Brücke standen Tag und Nacht Wachposten und er traute sich nicht, dort zu graben. Jeden Morgen kam er wieder und umkreiste die Brücke bis zum Abend. Irgendwann fiel das dem Hauptmann der Wache auf und er fragte ihn freundlich, ob er hier etwas suche oder auf jemand warte. Und so erzählte Rabbi Eisik dem Hauptmann von seinem Traum. Der Hauptmann lachte und antwortete: »Und da bist du armer Kerl mit deinen zerfetzten Sohlen einem Traum zu Gefallen hergepilgert!« Er konnte nicht verstehen, dass Rabbi Eisik seinen Träumen traut. Denn, so berichtete er, dann hätte er sich auch aufmachen müssen. Er selbst hatte nämlich ebenfalls einen Traum, in dem ihm befohlen wurde, nach Krakau zu wandern und im Haus eines Juden, Eisik, Sohn des Jekel, nach einem Schatz zu graben. »Aber ich bin nicht gegangen, weil dort die Hälfte der Leute Eisik heißen«, winkte der Hauptmann ab. Rabbi Eisik dagegen verneigte sich, kehrte nach Hause zurück und grub den Schatz aus.

Viele Teilnehmer der Kontemplationskurse empfinden es ähnlich, wenn sie wieder nach Hause fahren und es für sie nun sozusagen gilt, dort den »Schatz« auszugraben. Im Kurs haben sie wichtige Impulse bekommen, aber das Eigentliche findet im eigenen Alltag statt. Ein geistlicher Weg, der nicht in den Alltag führt, ist ein Irrweg. Daher möchte ich im Folgenden einige Anregungen geben:

1 Wer spirituell, geistlich wach sein will, sorge unbedingt für genügend Schlaf. Die Gnade setzt die Natur voraus, sagt die klassische katholische Theologie. Wer morgens früher aufsteht, um zu meditieren, sollte entsprechend abends früher den Tag beenden. Nur wer ausgeschlafen ist, kann wirklich innerlich wach sein. Deshalb ist es wichtig, dass sich keine allzu schwere Müdigkeit im Körper ansammelt, sonst wird das Meditieren zum Dösen.

2 Es ist wichtig, auf den Körper zu achten. Er ist der Tempel des Heiligen Geistes. Hüten wir ihn und geben wir ihm, was er braucht! Schließlich pflegen wir die wichtigen Gegenstände des Alltags wie das Auto, die Wohnung, Kleidung und so weiter ebenfalls. Aber an unserem Körper betreiben wir oft Raubbau. Nur in ihm und mit ihm können wir jedoch ein geistliches, spirituelles Leben führen. Deshalb sollte man für Entspannung, für Spaziergänge, für Sport, für Aufenthalte an der frischen Luft und in der Natur sorgen. Dies gilt besonders für Menschen, die einer bewegungsarmen Arbeit am Schreibtisch nachgehen.

   Wer in einem getriebenen Alltag den Kontakt zu sich selbst verliert, sich eventuell nur noch wenig spürt, ist allermeist auch von der geistlichen Dimension des Lebens abgeschnitten. Dann gilt es, wieder mit sich selbst in Kontakt zu kommen. Dabei kann das Spüren, das Wahrnehmen in der Natur, ein ganz wichtiger Zwischenschritt sein.

3 In den geistlichen Übungen der Kontemplation spielt die Absichtslosigkeit eine große Rolle. Es geht darum, sich unverzweckt der Übung zu stellen. Üben Sie diese Absichtslosigkeit auch ein Stück weit in den Verrichtungen des Alltags ebenso wie in den Begegnungen mit Mitmenschen, in den Beziehungen zu Arbeitskollegen, zu Nachbarn, zu Freunden, zu Verwandten, aber auch in der Beziehung zu sich selbst und zu Gott. Es muss nicht bei jeder Aktivität etwas herausspringen.

Wir wissen aus der biblischen Überlieferung, dass Gottes- und Nächsten- sowie Selbstliebe in einem inneren Zusammenhang stehen. So, wie ich mich selbst liebe, kann ich auch den Nächsten und Gott lieben. Nur wer in den Begegnungen und Beziehungen zu seinem Umfeld absichtslos sein kann, vermag es auch im Gebet zu sein. Im zweckfreien Tun auf allen Ebenen kann sich Unerwartetes, Überraschendes, Neues ereignen.

4 In der kontemplativen Übung während des Kurses versuchen wir, die Dinge, die sich zeigen, mit großer Gelassenheit anzunehmen und in die Gegenwart Gottes zu stellen. Dabei darf alles so sein, wie es ist: Schönes ist schön, Leidvolles schmerzhaft, Unangenehmes ist eben unangenehm. Wenn es uns gelingt, den Alltag mit dieser kontemplativen Haltung zu leben, bekommt der Lebensvollzug eine andere Qualität. Wir können dann vielleicht manches leichter nehmen. Alles darf sein, wie es eben ist, und dann schauen wir, wie wir darauf reagieren können. Das Schöne und Glückvolle dürfen wir genießen, das tägliche Kreuz und Leid erkennen wir als Aufgabe und nehmen es, so gut wir können, an.

5 Ein weiterer Punkt ist, die Übung der Achtsamkeit im Alltag fortzusetzen. Hier in der Kontemplation gilt es, den Augenblick zu leben: diesen Atemzug, das, was sich mir jetzt gerade von innen her zeigt, wahrnehmen und spüren! Versuchen wir entsprechend, die vielen tagtäglichen Verrichtungen bewusst zu tun, zum Beispiel das Öffnen und Schließen von Türen,

das Treppensteigen, das Essen. Wie oft hängen wir bei all diesen Tätigkeiten irgendwelchen Gedanken nach, in denen wir die Vergangenheit bedauern oder die Zukunft mit Sorgen erwarten. Dabei verlieren wir uns, sind nicht wirklich bei uns und bei dem, was wir gerade tun. So verlieren wir den Kontakt zu uns selbst. Oder wir lassen uns von irgendwelchen Fantasien gefangen nehmen. Wir sind überall, nur nicht im wachen Hier und Jetzt und erfahren damit das wirkliche Leben nicht. Aber genau in diesem Augenblick, an diesem Ort gilt, was Jakob nach seinem Traum von der Himmelsleiter sagte: »Wahrlich, Gott ist an dieser Stätte und ich wusste es nicht. ... Hier ist das Haus Gottes und die Pforte des Himmels« (Gen 28,16f). Im Zen habe ich gelernt, dass es keinen besseren Ort und Zeitpunkt zum Üben gibt, als gerade den jetzigen Augenblick.

Ich weise immer wieder auf die Chance hin, alle Situationen, in denen wir warten müssen, zu nutzen, um in das Spüren des Atems, das Wahrnehmen des Körpers zurückzukehren: vor der roten Ampel, in der Schlange an der Supermarktkasse, beim Hochfahren des Computers.

6 Ein weiterer Punkt ist natürlich das Üben im stillen Sitzen in der Gegenwart Gottes. Einer meiner wichtigsten Lehrer sagt, dass man täglich eine halbe Stunde üben soll. Und wer in einer geistlichen Aufgabe steht, sollte eine ganze Stunde am Tag für Kontemplation reservieren. Man kann dieses stille Üben auch in einer Kirche verrichten, wenn zu Hause zu viel Unruhe herrscht.

Ist man innerlich zu aufgewühlt, zu umtriebig, zu unruhig, kann ein Spaziergang, bei dem man immer langsamer geht, bei dem man öfter verweilt und kleine Details in der Natur – einen Baum, einen Vogel, eine Blume – auf sich wirken lässt, eine wichtige Vorbereitung auf die eigentliche Meditation in der Stille sein. Ähnlich können auch meditative Körperübungen wirken wie zum Beispiel Taiji, Qigong, Yoga oder Eutonie.

Bisweilen geschieht es, dass man einfach nicht zum Sitzen in der Stille kommt, weil man etwa mit der Familie im Urlaub oder beruflich zu einer Fortbildung unterwegs ist, weil man Besuch bekommen hat und so weiter. Dann geschieht es leicht, dass die Übungspraxis ganz abbricht. Hier kann es eine Hilfe sein, sich eine intensivere Zeit zu reservieren, etwa an einem Wochenendnachmittag, an dem man mehrmals hintereinander sitzt und somit wieder tiefer in die Stille und Ruhe kommt.

7 Ein weiterer wichtiger Punkt scheint mir zu sein, allen Perfektionismus zu lassen. Wir werden nie perfekt sein. Auch ich übe, habe Gedanken, bin unachtsam. Aber sobald mir dies bewusstwird, habe ich die Chance, einfach neu zu beginnen, ohne das Vergangene zu bewerten, mich zu verurteilen. Die Entwicklung geht immer nur nach vorne.

8 Ein Kennzeichen des kontemplativen Lebens ist, dass es eben ganz alltäglich ist, nichts Besonderes, man tut die Dinge, die getan werden müssen, mit einer einfachen Selbstverständlichkeit. Ich möchte es durch ein chinesisches Zen-Gedicht aus dem 8. Jahrhundert verdeutlichen:

Meine täglichen Angelegenheiten sind ganz gewöhnlich,
aber ich stehe in Einklang mit ihnen.
Ich halte an nichts fest, noch weise ich etwas zurück.
Nirgends ein Hindernis oder Probleme.
Wer sorgt sich um Reichtum oder Ehre?
Selbst das erbärmlichste Ding strahlt.
Meine wunderbare Kraft, mein geistliches Tun ist dies:
Ich schöpfe Wasser und sammle Brennholz.

Nüchternheit – Achtsamkeit – Aufmerksamkeit

In unserer von Hektik geprägten Zeit ist ein zentraler Begriff für die Lebenskunst und Stressbewältigung heutiger Menschen die Achtsamkeit. Dieser Begriff stammt aus der geistlichen Tradition des südlichen Buddhismus, der ausgeprägte Achtsamkeitsübungen für die eigene spirituelle Entwicklung empfiehlt. Heute bereitet man diese Übungen in einem säkularen Zuschnitt auf und dient sie den getriebenen Menschen zur Gewinnung einer neuen Lebensqualität besonders im Alltag und bei der Arbeit zur Stressminderung an.

Auch die christliche Tradition kennt dieses Achtsamsein, allerdings unter anderen Begriffen. Die biblische Tradition spricht vom Wachen, Wachsein, Bewusstsein. Im Neuen Testament finden sich mehrere Gleichnisse vom Wachen.

In der Mönchsgeschichte entwickelt sich in dieser Hinsicht der Begriff der Nüchternheit, vor allem im Gegensatz zu Begriffen wie benebelt, halbbewusst, diffus, nicht ganz bei der Sache, unachtsam. Benedikt empfiehlt den Mönchen, das Werkzeug des Alltags wie heiliges Altargerät zu behandeln: bewusst, achtsam, sorgfältig.

Ein wesentlicher Aspekt dieser Achtsamkeit ist, im Hier und Jetzt anzukommen. Das bedeutet, diesen Augenblick ganz bewusst im Blick zu halten, alle Tätigkeiten voll zu spüren und bewusst zu vollziehen. Das lässt sich auch im Alltag umsetzen, indem man bewusst, wach, spürend, wahrnehmend geht, steht, sich hinsetzt, atmet, die Fenster öffnet und schließt, sich verneigt. Bei den Mahlzeiten kann man das Besteck wirklich in der Hand spüren, wie es sich anfühlt, wie schwer es ist, den Teller bewusst sehen und anfassen; das Essen schmecken, es kauen und schlucken. Achtsamkeit herrscht dann, wenn ich die Geräusche höre, die meine Bewegungen machen beim Gehen, Kauen, Schlucken, wenn ich das Getränk ganz bewusst eingieße, es trinke, genieße. Beim Spaziergang kann ich Schritt für Schritt tun, spüren, wie ich gehe, die Geräusche hören, die meine Schritte auf dem Weg verursachen, wahrnehmen, wie ich die frische Luft einatme, die Bäume, die Landschaft betrachte, den Blick ruhen lasse und auf mich wirken lasse. Je mehr einem das gelingt, desto weniger Gedanken sind da.

Gerade das Denken mit seinen nie enden wollenden, immer neuen Assoziationen, Ideen, Überlegungen, das laufende Wechseln von einem Thema zum anderen, lässt uns aus der Achtsamkeit herausfallen. Wir sind dann im Kopf, irgendwo in der Vergangenheit oder in der Zukunft, und nicht mehr in der Wahrnehmung dessen, was jetzt gerade geschieht, was und wie es jetzt gerade ist. Wir sind nicht mehr im Kontakt mit dem unmittelbaren Lebensfluss.

Es ist eine eigenartige Erfahrung, dass wir nicht in der Achtsamkeit bleiben können. Ständig wird sie durchkreuzt von den hin und her hüpfenden Gedanken, Assoziationen, Erinnerungen, Bildern, sodass sie abgebrochen, geschwächt, verwischt wird. Deshalb lehren die geistlichen Meister, in den Augenblick zu kommen. Rumi, der persische Sufi-Mystiker, formuliert das so:

Achte gut auf diesen Tag,
denn er ist das Leben,
das Leben allen Lebens!
Das Gestern ist nichts als ein Traum
und das Morgen nur eine Vision.
Das Heute jedoch – recht gelebt –
macht jedes Gestern zu einem Traum voller Glück
und jedes Morgen zu einer Vision voller Hoffnung.
Darum achte gut auf diesen Tag!

Das Leben vollzieht sich im Augenblick, im Jetzt, im Heute, ich muss es nur wahrnehmen. Bei der Achtsamkeit geht es nicht um einen neuen Lernstoff, kein neuer Inhalt kommt dazu, sondern es geht eher um das »Wie«: wie ich etwas tue. Es geht um die Qualität, die Haltung, mit der ich etwas tue, und darum, mit dem Leben mehr in Kontakt zu sein, es bewusster zu erleben, es mehr gewahr zu werden und damit auch mit der spirituellen Dimension des Lebens mehr im Kontakt zu sein.

Der Zustand der Achtsamkeit, diese Daseinsqualität, hat Zeit. Wenn ich achtsam wahrnehme, was ich tue, was ist, so ist immer Zeit vorhanden. Ich muss sie mir nicht erkämpfen und sie treibt mich nicht in erbarmungslose Hetze, in rastloses Getriebensein, sondern ich verweile in Muße und ich ruhe oder gehe in der Zeit wie in einem großen, weiten Raum.

Ich selbst begebe mich schon seit vielen Jahren jeweils für zehn Tage in kontemplative Exerzitien. Im Speiseraum des Kurshauses hängt eine Uhr mit drei Zeigern: für die Stunden, die Minuten, die Sekunden. Aber es gibt auf dem Zifferblatt keine Zahlen, sondern an jeder Stelle, an der eine Zahl stehen müsste, ist immer das Wort »JETZT« zu lesen. Das ist ein Hinweis, in den Augenblick, in die Achtsamkeit, in die Wahrnehmung zu kommen. Es ist aber auch ein Hinweis, dass wir immer nur diesen Augenblick leben können. Bin ich ganz offen, diesem Augenblick ganz zugewandt, um ihn intensiv und bewusst zu erleben?

Mancher verwechselt diese Form der Achtsamkeit mit Konzentration. Doch das bedeutet, sich mit seiner ganzen Willenskraft auf eine Sache zu zentrieren, nur dort zu bleiben, das Geschehen genau zu beobachten, die Handgriffe ganz gezielt auszuführen, nichts anderes im Blickfeld zu dulden. Konzentration ist von daher einschränkend, sich auf einen bestimmten Bereich beschränkend. Konzentration schließt aus. In der Mitte konzentrierten Tuns steht ein starker Willensimpuls, ein Zentrum, von dem her ich konzentriert arbeite. Konzentration hat etwas Angespanntes, etwas Anstrengendes, etwas Kontrollierendes. Das ist dem kontemplativen Leben eher abträglich.

Achtsamkeit hat nichts Angespanntes, schließt nicht aus, schränkt nicht ein, ist weniger vom Willen unseres Ichs bestimmt und will nichts kontrollieren. Vielmehr ist die Achtsamkeit grenzenlos, sie nimmt alles wahr, was sich zeigt, spürt, ist empfänglich und verbreitet in einem und um einen herum einen Raum der Stille. In dieser Stille werden wir immer sensibler, immer offener, wir sind berührbar durch die kleinsten Dinge. Alles bekommt eine Tiefe, eine Farbe, einen Geschmack, ein Gewicht. Gerade diese Stille ist es, die der Mensch als etwas Wunderbares empfindet, die ihn entspannen lässt und ihn kräftigt, die es ihm wohlsein lässt, in der er verweilen kann, die er verkostet und genießt. Und so wird »jedes Gestern ein Traum voller Glück« und »jedes Morgen zu einer Vision voller Hoffnung«, wie Rumi es ausdrückt. Das Leben im Jetzt ist intensiv.

Die konzentrierte Stille ist etwas ganz anderes. Sie ist angespannt, kostet Kraft und führt über kurz oder lang zur Ermüdung, vielleicht sogar zur Anspannung und Verspannung, dann aber auch zur Erschlaffung.

Ich denke, es ist eine wichtige religiöse und geistliche Aufgabe, diese Achtsamkeit, diese Wachheit, diese Nüchternheit zu üben. Daraus erfolgt eine Intensivierung des Lebens, auch des geistlichen Lebens. Wir erfahren mehr Ruhe, kommen innerlich ins Gleichgewicht und erleben mehr Zufriedenheit, werden heiler. Die Welt verändern, indem wir versuchen, selbst heiler zu werden.

Ich bekomme in der Begleitung immer wieder Rückmeldungen dazu, wie dieser Weg der Kontemplation das Leben von Menschen verändert. So schrieb mir vor einiger Zeit ein Mann: »Es sind nun schon etliche Jahre, die ich konsequent auf diesem Übungsweg der christlichen Kontemplation unterwegs bin. Und wie ich auch schon in persönlichen Gesprächen mitteilte, mache ich zunehmend die Erfahrung, dass letztlich alle Lebensbereiche ruhiger werden. Eigentlich ein Paradoxon – es wird einheitlicher und einfacher, aber trotzdem dichter. Das Bewusstsein wandelt sich, die Erfahrungen werden tiefer. Unterschiedliche Tätigkeiten und unterschiedliche Wertigkeiten scheinen sich regelrecht aufzulösen.

Von Bedeutung ist letzten Endes das, was mir kürzlich unter dem Begriff ›immerwährende Kommunion mit Gott‹ ins Bewusstsein trat. Das trifft für mich sehr passend das Wesen des kontemplativen Lebensvollzuges. Das Was allen Tuns tritt in den Hintergrund, nur noch das Wie wird und ist wichtig. So saß ich zum Beispiel vor einigen Wochen bei der Korrektur der Deutsch-Hefte an meinem Schreibtisch. In meinem Büro herrschte eine so dichte, heilige Atmosphäre; die Art und Weise, wie ich Heft für Heft ablegte, war wirklich heiligstes Zelebrieren. Zeit war währenddessen etwas völlig Unwesentliches, das ich gar nicht wahrnahm.«

Die Legende des Heiligen Georg als Bild für den kontemplativen Weg

Ich möchte hier ein wichtiges Thema, das den inneren Prozess der Kontemplation wesentlich bestimmt, einmal von einer ganz ungewohnten Seite beleuchten, nämlich anhand der Figur des Heiligen Georg. Dazu zunächst einige Auszüge aus der Georgslegende, wie sie uns in der »Legenda aurea« aus dem 13. Jahrhundert überliefert ist: Georg, der Ritter, war von kappadokischem Geschlecht und kam einst in das Land Lybia, in die Stadt Silena. Nahe bei der Stadt war ein See, darin wohnte ein giftiger Drache, der hatte schon oft das ganze Volk in die Flucht getrieben, wenn es versuchte, mit Waffen gegen ihn zu kämpfen. Dann kam er bis unter die Mauern der Stadt und verpestete alles mit seinem Gifthauch. Also gaben ihm die Bürger täglich zwei Schafe, damit er sie in Ruhe ließ. Als aber die Schafe knapp wurden, kam man überein, dass man dem Drachen täglich einen Menschen und ein Schaf opfern wollte. Also warf man das Los, welchen Mann oder welche Frau man dem Drachen zum Fraß vorwarf. Als nun schon fast alle Söhne und Töchter der Stadt geopfert waren, geschah es, dass das Los auf die einzige Tochter des Königs fiel.

Die Tochter fügte sich und bat schließlich ihren Vater um seinen Segen. Den gab er ihr unter Tränen und sie machte sich auf zum

See. Zufällig traf sie unterwegs den heiligen Georg, und weil er sah, dass sie weinte, fragte er, was denn der Grund dafür sei. Sie antwortete: »Guter Herr, steigt schnell auf euer Pferd und flieht, oder ihr werdet mit mir sterben.« Georg antwortete: »Ich werde nicht eher weggehen, bis du mir sagst, was los ist.« Und während sie sprachen, hob der Drache seinen Kopf aus dem See. Die Königstochter zitterte vor Schreck und rief: »Flieh, guter Herr, flieh, so schnell du magst.« Aber Georg sprang auf sein Pferd, schlug das Kreuz und ritt gegen den Drachen. Er schwang die Lanze mit großer Macht und traf den Drachen so schwer, dass er zu Boden stürzte. Dann sagte Georg zur Königstochter: »Nimm deinen Gürtel und wirf ihn dem Drachen um den Hals und fürchte nichts.« Sie tat es und der Drache folgte ihr nach wie ein Hund. Als sie ihn nun in die Stadt führte, erschraken alle Bewohner sehr.

Die Georgsgeschichte spiegelt eine ins Außen, in die Heiligengeschichte, ins Bild projizierte innermenschliche Dynamik oder Dramatik. Es ist der klassische Stoff eines Mythos, also einer Geschichte, die so historisch nie geschah, die aber immer im Inneren des Menschen eine psychodynamische Wirklichkeit darstellt. Die Historie holt Vergangenes informativ in die Gegenwart, während der Mythos innerseelische Wirklichkeit in einer Bildgeschichte beschreibt. Wir können auch von einer archetypischen Geschichte sprechen. Zumal die Gestalt des heiligen Georg legendär ist, das heißt, keine geschichtliche Persönlichkeit mit ihm verbunden werden kann beziehungsweise nachgewiesen ist.

Außerdem kennen wir das Motiv des Drachenkampfes auch in anderen mythologischen Zusammenhängen, zum Beispiel in der Siegfriedsage oder in der Geheimen Offenbarung, dem letzten Buch der Bibel, in Kapitel 12 und 13 als Engelskampf; im babylonischen Mythos vom Meerdrachen Tiamat als dem Symbol für das Urchaos, das von ordnenden Mächten bezwungen wird.

Ich möchte das Geschehen anhand eines Bildes von Paolo Uccello, einem italienischen Maler der Renaissance, deutlich machen.

Paolo Uccello (1397–1475):
Hl. Georg im Kampf mit dem Drachen

Quelle: fr.wikipedia.org

Man erkennt darauf folgende Gestalten: der auf einem weißen Pferd reitende Ritter Georg auf der rechten Seite, der am Hals durch den Speer des Ritters verletzte Drache in der Bildmitte. Auf der linken Seite sehen wir die Tochter des Königs, die den Drachen an einem dünnen Seil führt. Statt des Sees wie in der »Legenda aurea« ist es hier eine Höhle im hinteren linken Bildteil, aus der der Drache hervorgetreten ist. Dieses sind die Komponenten des innermenschlichen Geschehens oder Dramas, dem wir auch in der Kontemplation begegnen.

Der Drache steht für die Impulse im Menschen, die ihn bestimmen, seine Wünsche, die ihn aus verschiedensten Motiven umtreiben. Er steht aber auch für die Gefühle, die ihn besetzen und beherrschen, die wie ein Feuer in ihm brennen können: Wut, Zorn, Gier, Stolz, Machtstreben, Angst, Ohnmacht, Unlust, Unmut. All das kann einen Menschen innerlich vergiften. Im frühen Mönchtum wurden diese Dinge als Laster beziehungsweise Leidenschaften des Menschen beschrieben. Alle Religionen haben eigene Systeme und Kataloge für diese inneren psychischen Energien zusammengestellt.

Der Drache ist bei vielen Menschen nun in der Höhle, das heißt, er wird nicht gesehen und nicht erkannt. Er ist versteckt. Aber er beherrscht den Menschen und macht ihn unfrei. Ein erster wichtiger Schritt in diesem inneren Entwicklungs- und Reifungsdrama ist, dass der Drache aus der Höhle hervortritt und ans Licht kommt. Nur so können wir ihn erkennen. Es geht um den Aspekt der Selbsterkenntnis, der Bewusstwerdung. In der ursprünglichen Legende lebt er in einem See. Das Wasser steht hier für den Bereich des Unbewussten. Die linke Seite wird oft ebenfalls dem Unbewussten zugeordnet, dort befindet sich auf dem Bild die Höhle des Drachens. Bei einem unbewusst lebenden Menschen ist dieser Drache gleichsam der Herrscher, der ihn von innen her bestimmt, dominiert. Er ist mit dem Drachen identifiziert, und der Drache gehorcht ihm nicht.

In der Kontemplation begegnen wir diesem ans Licht kommenden Drachen, in dem wir erkennen, welche Gedanken uns besetzen, welche Hintergrundstruktur unsere Gedanken oft haben, was uns mental bestimmt und umtreibt, zum Beispiel die Frage: »Was denken die anderen über mich?« Des Weiteren steht er für die Gefühlsstimmungen (Wut, Trauer, Angst, Unruhe, Ohnmacht), die uns während der Übung begegnen und die uns leiden lassen, sowie für all das, was wir wollen beziehungsweise nicht wollen, und das, wie alles sein sollte, aber nicht ist. Alle negativen, destruktiven, selbstverliebten oder selbstmitleidigen Impulse finden im Symbol des Drachens ihren mythologischen Ausdruck. Dieser Drache bedroht in der Legende das Leben der Tochter des Königs. Der König steht für die souveräne, freie Persönlichkeit, zu der wir alle berufen sind, die Frauengestalt für bestimmte Aspekte der eigenen Seele dieses autonomen Königs.

Nun taucht der Ritter Georg auf und begegnet dieser weinenden Frau. Er fragt sie nach dem Grund ihrer Tränen. Sie warnt ihn, aber noch ehe er sichs versieht, regt sich das Ungeheuer, und es kommt zum Kampf mit dem Drachen. Georg auf seinem Pferd und mit seinem Speer gewappnet steht für den inneren Aspekt des Kriegers, der sehr genau wahrnimmt, erkennt, durchschaut, was in uns vor sich geht. Er ist ein Symbol für die Wachsamkeit, Bewusstheit, Achtsamkeit, Nüchternheit, Präsenz. Deshalb ist er auch auf dem Gemälde rechts – der bewussten Seite – positioniert. Die bereits verstorbene buddhistische Nonne Aya Kema spricht im Zusammenhang mit der Bewusstheit und Achtsamkeit in der Meditation von der »Einspitzigkeit des Geistes«. Dieser Begriff passt sehr gut zum Speer des Ritters Georg. Es ist die fokussierte innere Ausrichtung auf das, was sich jetzt gerade in mir zeigt. Diese Waffe des kontemplativen Kriegers vernichtet den Drachen nicht, sondern er wird durch die Wachsamkeit, Bewusstheit gezähmt und verliert dadurch seine beherrschende Macht, sodass die Seele ihn mit ihrem Gürtel wie einen Hund an der Leine führen kann. Er wird schwach, lenkbar, folgsam, verliert den besetzenden und beherrschenden Schrecken, ist aber nach wie vor vorhanden. Sobald der Drache merkt, dass er beobachtet und mit dem Speer der Wachsamkeit berührt wird, ist er ruhig und friedlich. In der Kontemplation gilt es, das, wofür der Drache in uns selbst steht, zu meistern. Durch Bewusstwerdung, Selbsterkenntnis können wir aus dem unbewussten Beherrschtsein und der Identifizierung mit diesen inneren Aspekten heraustreten.

Nun zur Frauengestalt, die einen bestimmten Teil der Seele des Menschen symbolisiert. In der Legende ist von einer Jungfrau die Rede. Gemeint ist damit das empfangende, liebende, sich hingebende Prinzip. Sie sucht nicht die Macht, die Beherrschung, Dominanz. Es gelingt ihr aber, den giftigen Drachen an einem dünnen Seil zu führen. Wir müssen in der Kontemplation in diese hingebende, liebende, empfangende, offene, dienende Qualität gegenüber dem göttlichen Geheimnis kommen. In der Symbolsprache der Mystik steht die Jungfrau dafür, ungebunden, frei zu sein, nicht besetzt zu sein.

Es geht also nicht darum, die Herrschaft über die negativen Besetzungen durch den Drachen zu bekommen, sondern sich in eine dienende, liebende, hingebende, empfangende Haltung gegenüber dem göttlichen Geheimnis zu entwickeln, zu reifen. Mit großer innerer Demut geht man in Liebe und Achtsamkeit gegenüber sich und dem Umfeld seinen Weg. Es geht darum, diese reinen, lauteren Seelenanteile zu entwickeln und zu leben.

Es ist für den Übenden eine Falle zu meinen, er müsse den Drachen vernichten. Sehr leicht schleicht sich dann der Gedanke ein, auf dem Weg bereits fortgeschritten zu sein. Damit steht man erneut unter der besetzenden Macht des Drachens, indem man im Stolz schwelgt und dem Glauben an die eigene Macht (Egoinflation) verfällt. Das frühe Mönchtum vergleicht diesen inneren Entwicklungsfallstrick mit dem Bild, im Hafen Schiffbruch zu erleiden: Man hat die inneren Kämpfe und Stürme alle bestanden und gelangt nun in den ruhigen, sicheren Hafen. Da diese überstandenen Gefahren einen aber stolz machen, geht man gleichsam im Hafen unter.

Nun haben diese Einteilungen in eine männliche (ritterliche) und weibliche Symbolik angesichts der berechtigten modernen Emanzipations- und Gleichstellungsbestrebungen in der Genderthematik eine gewisse Schlagseite. Mancher würde sie als überholt bezeichnen. Es ist jedoch wichtig, sich bewusst zu machen, dass die einzelnen Akteure dieses inneren Dramas sowohl bei Männern als auch bei Frauen auftauchen. Wenn dieser Mythos heute entstehen würde, wäre wahrscheinlich die Symbolik eine andere. Aber es geht immer um diese verschiedenen inneren Qualitäten:

- unbewusstes Beherrschtwerden und Besetztsein von den Trieben, Wünschen, Gedanken, Leidenschaften;
- Bewusstwerdung (Selbsterkenntnis) durch innere Achtsamkeit, Wachheit, Nüchternheit; nicht bewertendes Hinschauen und Zeugenschaft der eigenen inneren Wirklichkeit;
- liebende, dienende, empfangende, hingebende, bejahende Antwort des Menschen auf den göttlichen Lebensimpuls;
- Gefahr der Dominanz, des Beherrschenwollens und der daraus resultierenden Arroganz, des Überlegenheitsgefühls, des Stolzes.

Ich möchte daher dazu einladen, sich mit großer innerer Bewusstheit und Achtsamkeit dem eigenen Drachen in den verschiedensten Wünschen, Gedanken und Gefühlen zu stellen. Indem man diese Impulse bewusst wahrnimmt, ist man schon nicht mehr durch sie unbewusst bestimmt. Man kann sie als einen Teil von sich akzeptieren, ohne diese Impulse ausleben oder sie ausrotten zu müssen – was normalerweise auch nicht funktioniert. So kommt man in eine innere Distanz und wird freier.

Wirkungen der Kontemplation auf Körper und Geist

Es kommt öfters vor, dass mir Teilnehmer nach einem Kontemplationskurs sagen, sie fühlten sich nun erholter als nach einem Urlaub. Wenn Menschen nach kurzer Zeit eine so intensive Veränderung bei sich ansprechen, zeigt das, wie positiv sich Kontemplation auf den gesamten Körper und damit auch auf den Geist und die Psyche auswirkt. Die einfache Übung, den Atem geschehen zu lassen und sich dem Atemfluss zu überlassen, führt dazu, dass er normalerweise ruhiger und gleichmäßiger wird. Wenn Atmung in Verbindung mit dem Herzschlag in einem gleichmäßigen Rhythmus – in der Medizin spricht man von Kohärenz – fließt, so hat das eine positive Rückwirkung auf das autonome Nervensystem und das bio-chemische Gleichgewicht (Homöostase). Das gesamte, in sich verschränkte menschliche Gefüge aus Körper, Geist und Seele kommt wieder mehr ins Gleichgewicht. Die Gehirnwellen verändern sich, der Hormonhaushalt justiert sich neu und das seelische Energieniveau erhöht sich. Das harmonische Zusammenschwingen der verschiedenen Regelkreisläufe des Körpers wirkt sich positiv auf die körperliche und seelische Gesundheit, Leistungsfähigkeit und Spannkraft des Menschen aus. Das wird in neueren neurologischen Forschungen deutlich, die im Hirn bestimmte religiöse Erfahrungen und Bewusstseinszustände nachweisen können.

Mir selbst geht es oft so, dass ich mit einem höheren seelischen Energiepegel aus einem Kurs herausgehe. Zwar bin ich körperlich manchmal müde, aber die Lebenslust, psychische Spannkraft, Gelassenheit, Lebensfreude und Tatkraft ist deutlich größer geworden. Ich denke, das ist auch der Grund, warum Meditation häufig als Lebenshilfe gegen Stress empfohlen wird, hinter dem oft die negativen Gefühle von Angst, Unruhe, Wut, Frust, Ungeduld, Aggressivität, Groll, Eifersucht, Konkurrenzdenken, Arbeitsüberlastung und psychischem Druck stehen. Sind diese negativen Gefühle auf Dauer bei einem Menschen vorherrschend, so kann es zu körperlichen und seelischen Störungen kommen. Durch die kontemplative Übung werden diese negativen Einflüsse zurückgedrängt und der Mensch kommt wieder in ein gesünderes Gleichgewicht.

Der Bezug zum Körper wird bei vielen Kontemplierenden intensiviert; es tritt eine tiefere Entspannung auf, die dann einen besseren Schlaf mit sich bringen kann. Dies sind gleichsam positive Nebenwirkungen der Meditation. Bisweilen begegne ich gerade in Einführungskursen Menschen, die aus diesen Gründen einen solchen Kurs buchen. Allerdings geht es in der Kontemplation nicht primär um Stressminderung oder körperliches Wohlbefinden. Sie steht nicht im Fokus unseres Tuns, sondern ist höchstens eine Nebenwirkung. Das eigentliche Motiv der Kontemplation ist ein geistliches: Es geht um Gebet, darum, in einer neuen Weise in Beziehung zu treten mit Gott.

Bereits die ersten Übungsstunden und -tage führen zu einem Prozess der Veränderung, der Wandlung in Bewegung (physisch, psychisch, spirituell), der den ganzen Menschen betrifft. Diese Wandlung kann aber auch Energie kosten, sodass manche gerade zu Beginn des kontemplativen Weges am Abend eines Übungstages feststellen, dass sie sehr müde und ausgelaugt sind. Die Übung strengt sie an. Oft ist der Anfänger noch zu sehr im aktiven Alltagsmodus, er will unter Anstrengung alles richtig machen und ist im auf Erfolg ausgerichteten Leisten befangen. Der Übende ist noch nicht im Modus angekommen, die Dinge eher passiv geschehen zu lassen. Oder aber der Kontemplierende hat während der Übung mit Müdigkeit zu kämpfen, die nicht von Schlafdefizit oder Überarbeitung herrührt, sondern weil innerlich ein unbewusster Widerstand auftritt, sich dem Prozess weiter zu stellen. Unter der Ich-Oberfläche kommt auch Unbewusstes, Unterbewusstes, psychisch Unbekanntes in Bewegung.

Generell kann man sagen, dass die Stille, die Einsamkeit und das Alleinsein im Schweigen den Menschen durchlässiger, dünnhäutiger, offener werden lassen für feinere, subtile Wahrnehmungsfelder im eigenen Innen wie im Außen. Man wird sensibilisiert für energetische innerkörperliche Sachverhalte, nimmt aber auch im Außen intuitiv Stimmungen, Spannungen, emotionale Wolken leichter auf.

In den verschiedenen klassischen Religionen werden diese Erfahrungen oft als Begegnung mit Dämonen, Engeln, Geistern umschrieben. Der aufgeklärte moderne westliche Mensch hat dafür psychologische oder psychiatrische Fachausdrücke. Letztlich geht es aber um die gleichen Erfahrungen. In den Evangelien wird uns berichtet, dass Jesus sich vierzig Tage in die Wüste zurückgezogen und gefastet hat und dort vom Teufel in Versuchung geführt wurde. Er wird durch das lange Fasten und den Rückzug in die Natur sensibler und feinfühliger und begegnet nun Kräften, Energien, Impulsen in sich selbst. Themen wie die eigene Wunderkraft, das eigene Ego und Macht, treten auf den Plan. Diesen Themen und Kräften, Mächten muss er sich stellen und sie bewältigen.

Im Buddhismus wird uns Ähnliches berichtet, wenn Shakyamuni Buddha unmittelbar vor seiner Erleuchtung ganz massiv mit dämonischen Attacken konfrontiert war. Alle spirituellen Traditionen wissen um solche Kräfte, Phänomene oder Energien und ordnen sie in ein vorrationales Weltbild ein, das sehr wohl ganze Hierarchien von Existenzen über und unter dem Menschen kennt. Ähnliches wird uns in den Lebensbeschreibungen von vielen Heiligen, Mönchs- und Wüstenvätern sowie Mystikern berichtet.

Ich möchte hier einige solcher energetischen Phänomene, wie sie in der Kontemplation auftreten können, beschreiben, damit sie der Einzelne besser einordnen und einen entsprechenden Umgang damit finden kann.

Bereits zu Beginn kann es sein, dass Übende im eigenen Innen oder aber auch im Außen Farben oder Lichter sehen. Oft verändern sie sich in den meist pastellfarbenen Intensitäten von gelb, blau, rot, grün, lila. Bisweilen gehen sie fließend ineinander über und zeigen sich in einem ständigen Wandel. Aber es kann auch eine bestimmte Farbe intensiv vorherrschend bleiben. Andere wieder sehen geometrische Muster, zum Beispiel die Struktur der Kerne einer reifen Sonnenblume, oder es ziehen bei geschlossenen Augen dunkle Punkte über das innere Gesichtsfeld. Andere erkennen bei offenen Augen in der Struktur des Teppichbodens Gesichter, Tiere, Fratzen, die sich verändern. Immer wieder werden neue Gestalten und Figuren entdeckt. Die Gefahr ist nun, dass der Einzelne beginnt, sich darin einzurichten und gleichsam ein kleines Privatkino eröffnet oder er sich Gedanken macht über die Bedeutung der Farben. Vielleicht fragt er sich: Was will diese Farbe über den Fortschritt meines Weges sagen? Oder: Ist das vielleicht sogar schon eine Erleuchtung? Die klassische Antwort auf den Umgang mit diesen Phänomenen ist, sie nicht zu beachten.

In der Philokalie, der wichtigen Textsammlung zum Jesusgebet, findet sich folgende Aussage: »Lebst du in einsamer Ruhe und willst du allein mit Gott sein, dann billige es niemals, wenn du etwas sinnlich Wahrnehmbares oder etwas Geistiges in oder außerhalb von dir siehst, selbst wenn angeblich das Bild Christi oder eines Engels, die Gestalt eines Heiligen oder eine Ausprägung des Lichts dem Geist erscheint. Bleibe vielmehr demgegenüber ungläubig und unwillig, selbst wenn es etwas Gutes sein sollte [...] Behüte deinen Geist stets farblos, formlos, bildlos, gestaltlos, inhaltslos, größenlos, und achte allein auf die Worte des Gebetes.«[20]

Ein anderes Beispiel stammt aus den Apophthegmata. Über einen Alten wurde erzählt: Er saß in seinem Kellion und kämpfte, und obwohl er die Dämonen deutlich wahrnahm, achtete er nicht auf sie. Als nun der Teufel erkannte, dass er erfolglos blieb, erschien er ihm und sprach: »Ich bin Christus.« Als ihn der Alte sah, schloss er die Augen. Der Teufel sprach: »Warum schließt du die Augen? Ich bin Christus!« Da antwortete der Alte: »Hier will ich Christus gar nicht sehen.« Als der Teufel dies hörte, verschwand er.[21]

Ganz Ähnliches lässt sich zu Eindrücken, die das Gehör betreffen, sagen: Klängen, Gongschlägen, Rauschen, inneren Stimmen und Botschaften soll keine Beachtung geschenkt werden, wie das eben zitierte Apophthegma lehrt. Im Zweifelsfall kann man es im Einzelgespräch noch einmal ansprechen.

Dann können aber auch Geruchsempfindungen auftreten. Vor Jahren erzählte mir eine Frau, dass sie intensiv ihren Mann rieche, der aber bereits mehrere Jahre tot war. Andere glauben zu riechen, was in der Küche gerade gekocht wird. Wieder andere riechen übersensibel kleinste Spuren von Parfum, gerade auch von Personen, die im vorangehenden Seminar im Raum waren, und stören sich daran.

Es gibt zudem Wahrnehmungen, die die Gestalt des eigenen Körpers betreffen. Plötzlich hat man das Gefühl, die rechte und linke Körperhälfte seien ganz verschieden. Der eine Arm wird riesengroß und schwer, während der andere sich verkümmert anfühlt. Man hat den Eindruck, dass man schräg dasitzt, aber beim kontrollierenden Blick ist dem nicht so.

Dann gibt es energetische Wahrnehmungen im Körper, die durch die Kontemplation ausgelöst werden: An bestimmten Stellen spürt man eine intensive Lebendigkeit, ein Kribbeln oder Prickeln, einen Druck, und es wird einem ganz heiß an diesen Stellen. Das Herz beginnt ohne Grund heftig zu pochen. Eventuell entlädt sich diese Energie in plötzlichen Zuckungen, oder ein Zittern in bestimmten Bereichen des Körpers tritt auf. Das kann begleitet werden von der Empfindung massiver Energieströme, besonders im Rücken-/Wirbelsäulenbereich, bis dahin, dass man an bestimmten Punkten Schmerz empfindet. All dies zeigt, wie sehr die einfache kontemplative Übung in uns Veränderungen bewirkt, sobald wir tieferer Schichten unseres Menschseins gewahr werden, sobald die Schichten des kontrollierenden Intellekts mit dem dominierenden Willen und Verstand in den Hintergrund treten.

Dann begegnen wir aber auch dem ungeheuren Energiefeld, das der Mensch darstellt und das in seinem eher oberflächlichen und groben Alltagsbewusstsein meist unbewusst bleibt. Gerade die asiatische Medizin und Spiritualität lehrt uns, dass der Mensch mit seinen Meridianen und Energiebahnen auch ein komplexes energetisches System ist. In seltenen Fällen können bei besonders »luftig« veranlagten Menschen diese energetischen Phänomene so stark in den Vordergrund treten, dass ein Absetzen der Kontemplation notwendig wird. Dann gilt es, sich durch entsprechend schwere Nahrung und anstrengende körperliche Betätigung – Sport, lange Wanderungen oder schwere körperliche Arbeit wie Holzhacken, im Garten umgraben und so weiter – zu erden. Dadurch wird die Stofflichkeit unseres Körpers wieder stärker in den Blick genommen und diese Energien können durch die körperliche Anstrengung abfließen.

All diese Dinge sollten uns nicht besetzen, indem wir uns damit gedanklich allzu sehr beschäftigen und identifizieren. Dennoch sind all diese Phänomene ein Zeichen des inneren Fortschritts. Sie treten erst auf, wenn wir mit der Kontemplation in tiefere Schichten gelangen. Normalerweise werden sie in die Phase der Reinigungsarbeit eingeordnet. Sie sind bei den meisten Kontemplierenden Durchgangsphänomene, die bei lang Geübten nur noch sehr selten auftreten.

Vom Ende her denken

Ich möchte hier das Thema *Wie kann ich Kontemplation im Alltag umsetzen?* in der Frage aufgreifen: Wie kann mein Leben (besser) gelingen? Dabei möchte ich den Blick zunächst auf das in diesem Zusammenhang vielleicht etwas eigenartig wirkende Ende des Lebens lenken.

Nichts ist bei der Geburt eines Menschen sicherer, als dass er sterben wird. Zwar ist offen, wann dies geschehen wird, aber das Faktum des sicheren Todes bleibt unumstößlich. Menschen früherer Generationen scheint die Endlichkeit des irdischen Lebens bewusster gewesen zu sein. Das lag auch daran, dass der Tod viel mehr im Alltag erlebbar war als heute, zum Beispiel bei der schweren Geburt oder dem Tod eines Kindes kurz nach der Geburt aufgrund generell hoher Kindersterblichkeit, beim plötzlichen Tod eines Menschen im Kreis seiner Familie. Heute erleben die meisten Menschen nur das Sterben sehr alter Menschen, weil die Lebenserwartung deutlich gestiegen ist, nicht zuletzt aufgrund wirklich großer Fortschritte in der modernen Medizin. Oder sie erleben es gar nicht, weil der Tod noch immer weitgehend aus dem öffentlichen Leben verdrängt wird. Vor Jahren fragte ich einmal im Rahmen des Religionsunterrichtes in einer zehnten Klasse, wer von den Schülern schon einmal einen Toten gesehen habe. Es waren nur zwei von über 25.

Lebten frühere Menschen noch auf das Leben nach dem Tod, den Himmel, zu, so ist das für viele Zeitgenossen zweifelhaft geworden. Etwas Gewisses weiß man nicht, sagt der Volksmund. Doch das hat Folgen: Wenn es keinen Himmel, kein Weiterleben nach dem Tod gibt, ist dieses Leben auf der Erde die letzte Gelegenheit, zu leben und auch etwas zu erleben. Was in diesem Leben nicht stattfindet, das findet überhaupt nicht statt. Es gilt, »alles« zu bekommen, herauszuholen, was herauszuholen ist. Bei dieser Einstellung ist der sichere Tod noch im Blick und die oben genannten Schlussfolgerungen und Lebensmaximen haben eine gewisse innere Logik und Konsequenz.

Doch bei vielen heutigen Menschen hat das Wissen um die eigene irdische Endlichkeit mit einem massiven Zweifel über ein wie auch immer geartetes Danach zur Folge, dass der Tod die absolute Bedrohung schlechthin ist, die absolute Negation, der Panik verursachende Schrecken. Es gibt kein Danach. Und deshalb möchte man möglichst nicht hinschauen auf dieses schreckliche Faktum, dass nicht nur ein absolutes Ende droht, sondern dieses auch gewiss ist. Man nimmt die eigene Sterblichkeit aus dem Blick und verdrängt sie, weil sie so absolut erscheint. Obwohl wir keine größere Gewissheit haben als unseren Tod und dass wir jeden Augenblick sterben können, hat diese Tatsache keinerlei Bedeutung für unseren alltäglichen Lebensvollzug. Wir haben dieses Faktum des sicheren Todes nicht wirklich verinnerlicht. Wir fürchten vielleicht den Tod, aber wir schauen ihm nicht ins Gesicht, sondern leben weiter, als gäbe es ihn nicht.

Auf der anderen Seite führen uns die Nachrichten täglich eine Schreckensmeldung nach der anderen vor: Verkehrsunfälle, Naturkatastrophen, Kriege, Morde. Diese Dinge sind schrecklich. Aber wir sind schon ganz abgebrüht, sodass es uns nicht mehr sonderlich berührt. Und es trifft immer die anderen.

Wird aber der Tod aus dem eigenen Leben ausgeblendet, so fehlt dem Leben ein gewisser Ernst. Es fehlt die Orientierung: Was ist wichtig, was bleibt, was ergibt Sinn? Die Folge ist eine gewisse Oberflächlichkeit oder Gleichgültigkeit und auch Sinnlosigkeit. Man tut so, als wäre alles egal. Es ist aber ein Unterschied, ob ich ein Leben lebe, als gäbe es den Tod nicht, oder ob ich ein Leben lebe im Blick darauf, dass ich sterben werde.

Deshalb haben die Weisen früherer Zeiten immer gewusst, dass ein Leben dort gelingt, wo es den Blick auf das Ende nicht ausblendet, sondern integriert: »Lebe, wie du, wenn du stirbst, wünschen wirst, gelebt zu haben«, sagte Christian Fürchtegott Gellert. Die meisten kennen auch das Sprichwort: »Bei allem, was du tust, bedenke das Ende.« Ignatius von Loyola schreibt in seinem Exerzitienbuch, wie man existenziell wichtige Entscheidungen treffen soll: »Als wäre ich in der Todesstunde, bedenke ich die Form und das Maß, das ich hinsichtlich der jetzigen Wahl wünschte, eingehalten zu haben; und danach richte ich mich und treffe im Ganzen meine Entscheidung.«

Im klassischen Buddhismus ist die Meditation über die eigene Sterblichkeit eine wichtige Einstiegsmeditation zur eigenen Motivation, den geistlichen Weg zu gehen. Und auch im christlichen Mönchtum gab es Zeiten, in denen der Totenschädel zur

Grundausstattung der Mönchszelle gehörte. Dahinter stand der Gedanke, dass das Leben von seinem Ende her gelebt werden soll und so eher gelingen kann, insbesondere im Blick auf das Leben nach dem Tod. Denn einzig die Entscheidungen, mit denen man einmal gut sterben kann, sind letztlich auch Entscheidungen, mit denen man gut leben kann. Hier merken wir, dass Leben und Tod zusammengehören und der Blick auf das Sterben unserem Alltag Qualität und Sinn verleihen kann. Der Blick auf das Ende meines irdischen Lebens ist nicht primär Horror und Angst, sondern Anlass, den Alltag des augenblicklichen Lebens bewusster zu gewichten, womit unser Handeln eine Tiefe bekommt, die auch im Sterben innerlich standhält.

Von Wolfgang Amadeus Mozart ist uns ein Brief erhalten, den er mit 31 Jahren, wenige Jahre vor seinem Tod, an seinen Vater schrieb. Er sagt darin: »Da der Tod, genau zu nehmen, der wahre Endzweck unseres Lebens ist, so habe ich mich seit ein paar Jahren mit diesem wahren und besten Freund des Menschen so bekannt gemacht, dass sein Bild nicht allein nichts Schreckliches mehr für mich hat, sondern recht viel Beruhigendes und Tröstendes. Und ich danke meinem Gott, dass er mir das Glück gegönnt hat, mir die Gelegenheit zu verschaffen, ihn als den Schlüssel zu unserer wahren Glückseligkeit kennenzulernen. Ich lege mich nie zu Bett, ohne zu bedenken, dass ich vielleicht, so jung als ich bin, den anderen Tag nicht mehr sein werde. Und es wird doch kein Mensch von allen, die mich kennen, sagen können, dass ich im Umgang mürrisch oder traurig wäre. Für diese Glückseligkeit danke ich dem Schöpfer und wünsche sie von Herzen dem Mitmenschen.« Hier führt der Blick auf die irdische Endlichkeit zu einer großen Lebensfreude, zu einem intensiveren Leben des jeweiligen Tages, des Augenblicks.

An dieser Stelle berühren wir nun Qualitäten, die auch durch die Kontemplation einem Leben eigen werden: mehr Bewusstheit, größere Intensität, das Wissen um die Kostbarkeit des gerade gelebten Lebens, Dankbarkeit und Sinnhaftigkeit. Das Leben wird durch den Blick auf den Tod nicht vergällt, sondern erfährt eine eigenartige Intensivierung und Bewusstheit. Es ist eine Bereicherung, wenn der Tod, das Sterben nicht ausgeblendet und verdrängt wird. Unser Leben kann also gewinnen, wenn wir unser Tun mit einem *memento mori* – Gedenke, dass du sterben musst! – versehen.

Dieses Thema hat noch einen anderen Aspekt. Wenn das Leben gelingen soll, taucht auch die Frage nach einem guten Sterben auf, das ganz selbstverständlich zum irdischen Leben gehört, es abrundet und beendet. Wenn aber die rechte Kunst des Lebens nicht nur mit der Kunst des Sterbens verbunden ist, sondern sogar daraus erwächst, dann stehen wir vor einem Dilemma. Denn wir können nicht warten, bis wir sterben, um das Sterben und damit das rechte Leben zu lernen. Der russische Religionsphilosoph und orthodoxe Theologe Florenskij sagte einmal: »Der Mensch stirbt nur einmal in seinem Leben, und da es ihm an Erfahrung gebricht, stirbt er verfehlt. Damit ihm das Sterben gelänge, muss er es lernen, unter der Anleitung erfahrener Menschen zu sterben, die schon Sterbende waren. Diese Erfahrung des Todes gibt die Askese.«[22] Askese ist hier als geistliche, spirituelle Übung zu verstehen. Die eigentliche Lehrzeit für das Sterben ist also das momentane Leben, nicht die Stunde des Todes. »Wenn du stirbst, bevor du stirbst, stirbst du nicht, wenn du stirbst«, sagt ein Sprichwort. Der Alltag ist also der Ort, an dem wir immer wieder das große Loslassenmüssen in den vielen kleinen Toden einüben müssten. Der Alltag ist der Ort, an dem wir die Kunst des Sterbens lernen und dadurch in uns nicht nur eine Frucht für die letzten irdischen Lebensstunden reift, sondern auch jetzt schon unser Leben bereichert.

Wie oft begegnen wir im kontemplativen Üben dem Phänomen, dass wir nicht loslassen können, dass wir zum Beispiel unter Verletzungen leiden und nicht verzeihen können, dass wir Sachverhalte einfach nicht akzeptieren können und uns alles Mögliche stört. Das Loslassen zu üben und zu lernen kann ein hilfreiches

Einüben in das große Loslassenmüssen der Todesstunde sein. Dann steht ein viel größerer Sachverhalt im Raum: das irdische Leben in diesem Körper loszulassen. Können wir nicht selbst loslassen, so wird es uns genommen, oder etwas drastischer ausgedrückt: geraubt. Den Willigen lenkt das Schicksal, den Unwilligen zerrt es. Es ist verständlich, was daraus für ein innerer Kampf entstehen kann.

Vor vielen Jahren hielt mein erster wichtiger Kontemplationslehrer jedes Jahr einen sogenannten Sterbekurs. Im Mittelpunkt stand eine Sterbemeditation. Die Teilnehmer legten sich alle – gut eingepackt in Decken – auf den Boden des Meditationsraumes und in einer Imaginationsübung bei gedämpftem Licht wurde man angeleitet, sich in den eigenen Sterbeprozess einzufühlen, ihn imaginativ zu erleben. In der Nachbesprechung kamen dann bisweilen Anregungen, um diesen Programmpunkt des Kurses noch reibungsloser, perfekter und bequemer zu gestalten. Den einen war das Licht nicht genug gedimmt. Anderen war der Boden zu hart und sie wünschten sich eine weiche Matratze. Wieder anderen war die Luft im Raum besonders gegen Ende zu stickig. Wieder andere wollten einen anderen Tod sterben, als in der angeleiteten Imagination vorgegeben. Irgendwann stand jemand auf und fragte, ob dieses bequeme und wunschgerechte Szenario denn realistisch sei. Wird vielleicht bei meinem Sterben das Licht nicht auch zu hell sein, mein Liegen im Bett unbequem, die Luft im Sterbezimmer stickig? Darauf entstand ein nachdenkliches Schweigen. An diesen kleinen Dingen, die uns Tag für Tag begegnen, kann ich lernen loszulassen, kann ich lernen, einen kleinen Tod zu sterben. »Lehre uns bedenken, dass wir sterben müssen, auf dass wir klug (weise) werden«, heißt es in Psalm 90,12.

Am Ende noch ein Impuls für den Alltag: Eine Kursteilnehmerin erzählte mir, dass sie für sich eine Praxis hat, die hilfreich sein kann: Wenn sie Räume verlässt – den Seminarraum am Ende des Kurses, den Arbeitsplatz, die Wohnung, das Hotelzimmer –

schließt sie bewusst die Türen mit dem Wissen, dass sie vielleicht nie mehr in diese Räume zurückkehrt. Daher ist es ihr ein Anliegen, sie so zu verlassen, dass sie nicht das Bedürfnis hätte, noch einmal zurückkehren zu müssen, um irgendetwas in Ordnung zu bringen.

Anmerkungen

1 Jack Kornfield, Frag den Buddha und geh den Weg des Herzens, München 1993, S. 382.

2 David Steindl-Rast, Credo, Freiburg/Breisgau 2012, S. 23.

3 Erich Fromm, Den Menschen verstehen, München 2019, S. 16.

4 Karlfried Graf Dürckheim, Auf der Suche nach dem inneren Meister, München 1996, S. 58.

5 Weisung der Väter, Eingeleitet und übersetzt von Bonifaz Miller, Freiburg/Breisgau 1965, S. 281f.

6 Reinhard Kammer, Die Kunst der Bergdämonen, Weilheim 1969, S. 77, aus: Otto Friedrich Bollnow, Vom Geist des Übens, Freiburg/Breisgau 1987, S. 63.

7 Romano Guardini, Tugenden, Würzburg 1963, S. 69.

8 Karlfried Graf Dürckheim, Der Weg, die Wahrheit, das Leben, München 1988, S. 151.

9 John O'Donohue, Anam Cara, München 2016, S. 14.

10 Johannes Cassian, Unterredungen mit den Vätern (Teil 3: Collationes 18 bis 24), Münsterschwarzach 2015, Collatio 19.

11 Erling Kagge, Stille. Ein Wegweiser, Frankfurt am Main 2018, S. 95.

12 Hubertus Halbfas (Hg.), Religionsbuch für das 4. Schuljahr, Düsseldorf 2000, S. 61.

13 Gregorios von Thessalonike, Über die heiligen Hesychasten, in: Philokalie Bd. 4, Würzburg 2004, S. 328.

14 Kabir, Im Garten der Gottesliebe, Heidelberg 1984, S. 1.

15 Martin Buber, Ich und du, Heidelberg 1977, S. 129f.

16 Kleine Philokalie, Belehrungen der Mönchsväter der Ostkirche über das Gebet, Ausgewählt und übersetzt von Matthias Dietz, Zürich 1976, S. 34, 41, 44.

17 Satprem, Sri Aurobindo oder das Abenteuer des Bewusstseins, Grafing 1976, S. 192f.

18 Ebd.

19 Ebd., S. 185.

20 Philokalie der heiligen Väter der Nüchternheit, Band 5, Würzburg 2004, S. 112f.

21 Weisung der Väter, Eingeleitet und übersetzt von Bonifaz Miller, Freiburg/Breisgau 1965, S. 361.

22 Aus: Max Picard, Die Welt des Schweigens, Erlenbach-Zürich 1950, S. 37.

beck'sche reihe

bsr

Von Adam Smith bis hin zu den herausragenden Ökonomen des 20. Jahrhunderts bietet diese zweibändige Ausgabe zugänglich und prägnant geschriebene Einführungen in Leben, Werk und Wirkung der Klassiker der modernen ökonomischen Lehre. Die Beiträge sind von renommierten Hochschullehrern der Volkswirtschaft verfasst und erläutern nicht nur das ökonomische Denken der jeweiligen Gelehrten, sondern auch die Wirkung individueller Werdegänge und gesellschaftsgeschichtlicher Hintergründe. Ausführliche Literaturhinweise auf dem neuesten wissenschaftlichen Stand erleichtern die weitergehende Beschäftigung.

Heinz D. Kurz ist Professor für Volkswirtschaftslehre und Leiter des Graz Schumpeter Centre an der Karl-Franzens-Universität Graz.